MAIKO KERNER | PROF. DR. JÜRGEN VORMANN

LOW CARB HIGH FAT FÜR EINSTEIGER

In 4 Wochen abnehmen, ohne zu hungern

DIE GU-QUALITÄTSGARANTIE

Wir möchten Ihnen mit den Informationen und Anregungen in diesem Buch das Leben erleichtern und Sie inspirieren, Neues auszuprobieren. Bei jedem unserer Produkte achten wir auf Aktualität und stellen höchste Ansprüche an Inhalt, Optik und Ausstattung.

Alle Informationen werden von unseren Autoren und unserer Fachredaktion sorgfältig ausgewählt und mehrfach geprüft. Deshalb bieten wir Ihnen eine 100 %ige Qualitätsgarantie.

Darauf können Sie sich verlassen:
Wir legen Wert darauf, dass unsere Gesundheits- und Lebenshilfebücher ganzheitlichen Rat geben. Wir garantieren, dass:
• alle Übungen und Anleitungen in der Praxis geprüft und
• unsere Autoren echte Experten mit langjähriger Erfahrung sind.

Wir möchten für Sie immer besser werden:
Sollten wir mit diesem Buch Ihre Erwartungen nicht erfüllen, lassen Sie es uns bitte wissen! Wir tauschen Ihr Buch jederzeit gegen ein gleichwertiges zum gleichen oder ähnlichen Thema um. Nehmen Sie einfach Kontakt zu unserem Leserservice auf. Die Kontaktdaten unseres Leserservice finden Sie am Ende dieses Buches.

GRÄFE UND UNZER VERLAG. *Der erste Ratgeberverlag – seit 1722.*

SERVICE

MAIKO KERNER
ist Autorin und begeisterte
Anhängerin der LCHF-Ernährung

PROF. DR. JÜRGEN VORMANN
ist Ernährungswissenschaftler und
Experte für Mikronährstoffe und
den Säure-Basen-Haushalt

»Was auch immer der Vater
einer Krankheit gewesen ist,
die Mutter war eine falsche
Ernährung.«

CHINESISCHES SPRICHWORT

EIN WORT ZUVOR ...

Übergewicht ist ein Problem unserer Zeit. Es ist aber keine Folge davon, dass wir zu viel essen oder uns zu wenig bewegen! Was wir essen, entscheidet vielmehr darüber, wie sich Nahrung auf unseren Körper auswirkt. Ursache für Übergewicht ist also vor allem eine falsche Nahrungsauswahl, mit der wir über Jahre die Fettspeicherung fördern und gleichzeitig den Fettabbau hemmen.

Wie können wir diesem Teufelskreis entkommen und unser normales Körpergewicht zurückgewinnen? Die einfache Antwort »Verzicht auf Fett« ist falsch. Das Problem sind vielmehr zu viele Kohlenhydrate in unserer Nahrung. Zucker, Pasta, Brot und Kartoffeln sorgen dafür, dass Fett gespeichert und nicht mehr ausreichend abgebaut wird. Das Resultat: Wir werden zu dick.

Durchbrechen wir diesen Kreislauf! Fettreiche und zugleich kohlenhydratarme Ernährung stellt den Stoffwechsel um, ist gesund und lässt die Pfunde nur so purzeln. Die wissenschaftlichen Erkenntnisse der vergangenen Jahre sind überzeugend: Wir haben die Möglichkeit, durch Änderung unserer Ernährungsgewohnheiten auch ohne zu hungern unser Gewicht zu reduzieren. Werfen wir den alten Diätballast ab, stellen wir unseren Stoffwechsel um und erlangen wir so neben unserem Wunschgewicht auch eine bessere Gesundheit!

ABNEHMEN MIT LCHF

LOW CARB HIGH FAT – EINE KOHLENHYDRATARME UND
FETTREICHE ERNÄHRUNG IST GUT FÜR UNSEREN STOFF-
WECHSEL UND FÜR DIE SCHLANKE LINIE. STELLEN SIE IHRE
ESSGEWOHNHEITEN AUF DEN PRÜFSTAND UND BEFREIEN
SIE SICH AUS DER ÜBERGEWICHTSFALLE.

ÜBERGEWICHT – WAS NUN?

Wir leben in üppigen Zeiten. Nach der Einschätzung der Weltgesundheitsorganisation wird der Anteil der Übergewichtigen in unserer Gesellschaft in den nächsten Jahren kontinuierlich steigen. Die Forscher rechnen für das Jahr 2030 damit, dass fast jeder vierte Mann und etwas mehr als jede fünfte Frau unter extremem Übergewicht leiden werden. 2010 waren es bei den Männern noch 17 Prozent und bei den Frauen 15 Prozent.

Übergewicht ist geradezu eine Epidemie geworden. Abnehmen wird deshalb für immer mehr Menschen zu einer zentralen Aufgabe. Die übliche Empfehlung, weniger zu essen oder sich mehr zu bewegen, führt jedoch nur selten zu einem dauerhaften Abnehmerfolg. Es kommt darauf an, was wir essen. Eine Ernährung mit wenig Kohlenhydraten (Low Carb) und viel Fett (High Fat) kann der Schlüssel zum Erfolg sein.

Zeit zu handeln

Es ist unbestritten, dass starkes Übergewicht (ab Adipositas Grad II) ein erheblicher Risikofaktor für die Entwicklung von Krankheiten ist. Dazu zählen Diabetes Typ 2, Herz-Kreislauf-Erkrankungen, Bluthochdruck und auch einige Krebsarten. Auch mit Atemwegserkrankungen sowie Knochen- und Gelenkproblemen haben übergewichtige Menschen häufig zu kämpfen. All das kann mit der Zeit zu psychologischen Problemen und zu einem deutlichen Verlust an Lebensqualität führen.

Der Body-Mass-Index

Am häufigsten wird das Körpergewicht heute mit dem Body-Mass-Index (BMI) bewertet. Er wird bestimmt, indem das Körpergewicht in Kilogramm durch das Quadrat der Körpergröße in Meter geteilt wird. So ergibt sich beispielsweise bei einem Körpergewicht von 75 Kilogramm und einer Größe von

INFO

DIE BMI-EINTEILUNG
International werden Körpergewichtsklassen heute nach folgenden BMI-Werten eingeteilt:
- BMI unter 18,5 = Untergewicht
- BMI von 18,5 bis 24,5 = Normalgewicht
- BMI von 25 oder mehr = Übergewicht (Adipositas Grad I)
- BMI von 30 oder mehr = Fettsucht (Adipositas Grad II)
- BMI von 40 und mehr = extreme Fettsucht (Adipositas Grad III)

1,75 Meter ein Wert von 24,5, der gerade noch im Bereich des Normalgewichts liegt. Der BMI ist allerdings nur ein grobes Maß zur Bewertung von überflüssigen Fettspeichern. Auch die Verteilung des Fetts im Körper ist von entscheidender Bedeutung. Fett, das sich im Bauchbereich angesammelt hat, ist aus gesundheitlicher Sicht negativer zu bewerten als Fett, das sich im Unterhautfettgewebe des Körpers verteilt. Es ist deshalb sinnvoll, den Bauchumfang auf der Höhe des Bauchnabels zu messen. Bei Werten von über 90 Zentimetern bei Frauen und über 100 Zentimetern bei Männern besteht auch bei noch günstigem BMI ein erhöhtes Krankheitsrisiko.

WICHTIG

GRENZWERTE
Wenn Ihr Bauchumfang mehr als 90 Zentimeter (Frauen) oder 100 Zentimeter (Männer) beträgt oder Ihr Gewicht jenseits eines BMI von 30 liegt, sollten Sie aktiv werden.

BMI UND LEBENSALTER

Betrachtet man den Einfluss des Körpergewichts auf die allgemeine Sterblichkeit, so zeigte sich in großen Untersuchungen aus den USA und aus Europa allerdings, dass leichtes Übergewicht sogar einen gewissen Schutz darstellt. Das liegt wohl daran, dass der Körper dann bei Krankheiten auf Reserven zurückgreifen kann. Da im Alter die Krankheitswahrscheinlichkeit steigt, ist der optimale BMI somit auch vom jeweiligen Lebensalter abhängig.

Diäten und ihre Erfolgsaussichten

Abnehmen zu wollen, ist ein weitverbreiteter Wunsch. Immer wieder werden neue Methoden propagiert und oft schnell auch wieder verteufelt. Seit über 50 Jahren wird von Ärzten und Ernährungswissenschaft-lern insbesondere empfohlen, den Fettanteil in der Nahrung zu reduzieren. Die Logik dahinter ist recht einfach: Pro Gramm enthält Fett etwa doppelt so viel nutzbare Energie (Kalorien) wie Kohlenhydrate. Millionen Menschen greifen deshalb beim Einkauf zu sogenannten Light-Produkten, in denen der Fettanteil reduziert ist. Dabei beachten Sie nicht, dass gleichzeitig meistens die Menge an Kohlenhydraten erhöht ist.

Zunehmen trotz Fettreduzierung

Obwohl der Anteil von Fett in der Nahrung in den vergangenen Jahrzehnten abgenommen hat, nahm die Zahl der Übergewichtigen zu. Es liegt deshalb nahe zu überlegen, ob wirklich das Fett ursächlich für Übergewicht ist oder ob es nicht vielmehr die verzehrten Kohlenhydrate – insbesondere der hohe Zuckerkonsum – sind, die uns dick werden lassen.

INFO

BMI UND LEBENSALTER

Alter	zu dünn	gerade richtig	zu dick
19 bis 24 Jahre	‹ 19	19 bis 24	› 24
25 bis 34 Jahre	‹ 20	20 bis 25	› 25
35 bis 44 Jahre	‹ 21	21 bis 26	› 26
45 bis 54 Jahre	‹ 22	22 bis 27	› 27
55 bis 64 Jahre	‹ 23	23 bis 28	› 28
über 64 Jahre	‹ 24	24 bis 29	› 29

Diese Überlegungen finden auch in der Wissenschaft zunehmend Beachtung. Mehrere Untersuchungen haben inzwischen gezeigt, dass die Empfehlung einer fettarmen Ernährung nicht auf fundierten wissenschaftlichen Erkenntnissen beruhte. In der Folge ist in den US Dietary Guidelines des Jahres 2015 keine Obergrenze für die Fettzufuhr mehr angegeben worden.

Da es aber über Jahrzehnte ins Allgemeinwissen übergegangen ist, dass eine fettreiche Ernährung ungesund ist und dick macht, wird bis heute der Verzicht auf Fett häufig als einzig sinnvolle Methode zum Abnehmen propagiert. Grundlage dieses Irrtums ist unter anderem eine falsche Interpretation von Daten aus den 1950er-Jahren. Damals wurde erkannt, dass hohe Fettwerte im Blut ein gesundheitlicher Risikofaktor sind. Es lag also nahe, die Fettzufuhr zu verringern. Tatsächlich führt eine streng fettarme Diät bei vorher krankhaften Werten zu einer Verbesserung der Blutfettwerte und auch zum Abnehmen. Allerdings muss dabei bedacht werden, dass jede Art der Kalorienreduktion zu Gewichtsverlust führt.

DER JO-JO-EFFEKT

Zudem zeigte sich, dass nach dem Ende einer fettarmen Diät bei einem Rückfall in die vorher üblichen Ernährungsgewohnheiten das verlorene Gewicht schnell wieder zugelegt wird. Oft wird das Anfangsgewicht sogar noch getoppt. Bei der nächsten und übernächsten Diät tritt dann der sogenannte Jo-Jo-Effekt ein. Und statt einer langfristigen Gewichtsabnahme kommt es sogar zu einer Gewichtszunahme.

Die Atkins-Diät

Eine Diät, die sich im Gegensatz zur damaligen und teilweise bis heute herrschenden Lehrmeinung befand, ist seit den 1960er-Jahren mit dem Namen Atkins verbunden. Der amerikanische Kardiologe und Ernährungswissenschaftler Dr. Robert Atkins entwickelte eine Ernährungsform, die auf einem hohen Fettanteil bei gleichzeitig extremer Reduzierung der Kohlenhydrate basiert. Die Kohlenhydratmenge begrenzte er auf täglich nur fünf Gramm in der Anfangsphase der Umstellung. Obwohl in vielfacher Hinsicht erfolgreich, wurde diese Diät von der medizinischen Fachwelt als gefährlich und langfristig auch gesundheitsschädigend

Das Aus für den Jo-Jo-Effekt: Bei konsequenter LCHF-Ernährung kommen die Pfunde nicht wieder.

abgelehnt. Neuere Erkenntnisse haben jedoch dazu geführt, dass sich die Expertenmeinung geändert hat. Mit gewissen Einschränkungen wird inzwischen akzeptiert, dass die Atkins-Diät funktioniert und die Fixierung auf einen hohen Anteil von Kohlenhydraten in der Nahrung ein Fehler war.

Der menschliche Stoffwechsel

Aus welchem Grund führt nun aber gerade der häufige Verzehr von Kohlenhydraten dazu, dass viele ihr Gewicht langfristig nicht halten können? Zur Beantwortung dieser Frage müssen wir uns etwas näher damit beschäftigen, nach welchen Prinzipien der menschliche Stoffwechsel funktioniert.

Brennstoff für unsere Zellen

Prinzipiell stehen unserem Körper drei Brennstoffquellen zur Verfügung, um die Zellen mit Energie zu versorgen:
- Proteine (Eiweiß)
- Kohlenhydrate
- und Fette.

Beim Abbau aller drei Nährstoffquellen entsteht als Zwischenprodukt das Acetyl-Coenzym A (Acetyl-CoA). Es ist die Drehscheibe unseres Energiestoffwechsels. Durch seinen Abbau wird chemisch verwendbare Energie (ATP) gewonnen. Räumlich gesehen läuft der Energieumsatz vorwiegend in den Mitochondrien unserer Zellen ab. Sie sind die Kraftwerke, in denen die ATP-Bildung stattfindet. Und ATP (Adenosintriphosphat) ist der Energieträger, der für die vielfältigen Funktionen unserer Zellen benötigt wird. Wir brauchen es für jede unserer Muskelkontraktionen und auch für die Informationsübertragung in unserem Nervensystem. Die bei der ATP-Spaltung freigesetzte Energie ist unsere Lebensgrundlage.

Proteine

Proteine bestehen aus Aminosäuren, aus denen in unseren Zellen körpereigene Stoffe wie zum Beispiel Enzyme hergestellt werden. Beim Ab- und Umbau der Proteine im Stoffwechsel fallen Stickstoffverbindungen an, die über die Nieren entsorgt werden müssen. Den verbleibenden organischen Rest der Aminosäuren können wir im Stoffwechsel zur Energiegewinnung verwenden. So wird ein Überschuss an Protein in der Leber auch zur Bildung von Glukose benutzt.
Die Kapazität der Nieren zur Stickstoffeliminierung ist jedoch begrenzt. Eine extrem proteinreiche Ernährung, beispielsweise mit fast ausschließlich magerem Fleisch, würde deshalb über kurz oder lang zu einer erheblichen Überlastung der Nieren führen. Aus diesem Grund ist es auf Dauer nicht möglich, sich ausschließlich mit Protein zu ernähren. Wir benötigen dringend weitere organische Substanzen als Brennstoff. Diese Funktion des Brennstoffs übernehmen deshalb Kohlenhydrate und Fett.

Kohlenhydrate

Kohlenhydrate nehmen wir vor allem in Form von Stärke auf, die im Körper zu Glukose (Traubenzucker) abgegeben wird. Daneben gelangen große Mengen an Kohlenhydraten mit Haushaltszucker und süßem Obst in unseren Körper. Haushaltszucker (ab jetzt einfach Zucker genannt) besteht aus einer Verbindung von Glukose und Fruktose (Fruchtzucker) und wird in unserem Körper schnell in diese beiden Bestandteile zerlegt. Den süßen Geschmack des Obstes verdanken wir überwiegend dem Fruchtzucker. Die Süßkraft von Fruchtzucker ist sogar größer als die von Zucker. Kohlenhydrate sind die Energiequelle, die im Körper immer zuerst verwendet wird.

DER BLUTZUCKERSPIEGEL

Glukose macht den größten Teil der Kohlenhydrate in unserer Nahrung aus. Unsere stärkereichsten Lebensmittel sind Getreideprodukte wie Mehl, Brot und Nudeln sowie Reis und Kartoffeln.
Sobald die Stärke in unseren Darm gelangt, wird sie in einzelne Glukosemoleküle gespalten und schnell in den Blutkreislauf geschickt. Der Blutglukosegehalt steigt. Nicht ganz korrekt spricht man häufig auch vom steigenden Blutzuckerspiegel.
Das Blut versorgt dann alle Zellen mit diesem universellen Treibstoff. Das ist besonders für unser Gehirn wichtig, denn unter den üblichen Ernährungsbedingungen wird dort ausschließlich Glukose zur Energiegewinnung genutzt. Insgesamt sollten in unserem Blut nicht mehr als ein bis zwei Teelöffel Glukose enthalten sein. Eine kohlenhydratreiche Mahlzeit mit mehreren Hundert Gramm Glukose könnte also schnell zu einer Hyperglykämie, einem zu hohen Blutzuckerwert, führen. Bereits eine Verdoppelung der Blutzuckerkonzentration ist krankhaft und führt langfristig zu Folgeschäden, wie sie bei Patienten mit Diabetes Typ 2 beobachtet werden. Im Normalfall kommt es jedoch nicht zu wesentlich erhöhten Blutzuckerkonzentrationen, da Glukose sehr schnell in die Zellen aufgenommen wird.

Nudeln, Brot und Reis stecken voller Stärke, die im Körper zu Traubenzucker umgebaut wird.

INSULIN – DAS FETTSPEICHERHORMON

Insulin ist der größte Feind des Fettabbaus. Es sorgt dafür, dass überschüssige Energie aus dem Blutkreislauf entnommen und als Fett gespeichert wird.

INSULINAUSSCHÜTTUNG

Zur Aufnahme von Glukose in den Muskel- und Fettzellen braucht der Körper das in der Bauchspeicheldrüse produzierte Hormon Insulin. Mit seiner Hilfe werden die Transportsysteme für Glukose aktiviert und die Glukose kann schnell im Muskel- und Fettgewebe aufgenommen werden. Dort dient sie dann vor allem zur Energiegewinnung.

STOPP DES FETTABBAUS

Insulin hat jedoch auch einen wesentlichen Einfluss auf den Fettstoffwechsel, denn es hemmt den Abbau von Fett fast vollständig. Da der Körper Kohlenhydrate immer zuerst verwertet, wird Fett, das wir gleichzeitig mit Kohlenhydraten verzehren, nicht zur Energiegewinnung abgebaut, sondern verschwindet im Speicher unseres Fettgewebes.

TEUFLISCHER KREISLAUF

Wichtig ist dabei der Zeitfaktor: Gelangt in kurzer Zeit viel Glukose ins Blut – beispielsweise nach einer kohlenhydratreichen Mahlzeit –, wird auch entsprechend viel Insulin freigesetzt. Das Insulin sorgt für eine schnel-le Aufnahme der Glukose in den Zellen, insbesondere den Gehirnzellen. Und unser Gehirn signalisiert uns dann ein angenehmes Sättigungsgefühl.

Nach einiger Zeit sind die Kohlenhydrate im Darm jedoch aufgezehrt. Das immer noch im Blut kreisende Insulin sorgt aber weiterhin für die zelluläre Glukoseaufnahme und der Blutzuckerspiegel sinkt oft schnell und stark ab. Bei sinkender Blutzuckerkonzentration werden unsere Gehirnzellen jedoch weniger gut mit Glukose geflutet. Diesen Zustand nehmen wir intensiv wahr: Wir haben Hunger. Um uns wieder wohlzufühlen, wollen wir schnell etwas essen. Und zwar am liebsten etwas Süßes, denn wir haben ja gelernt, dass damit der Wohlfühlzustand schnell erreicht werden kann. Geben wir diesem Gefühl nun nach und greifen zu einer Süßigkeit, beginnt das Spiel von vorne.

VOLLKORNPRODUKTE

Diesen Mechanismus können wir begrenzen, indem wir Kohlenhydrate essen, die nur langsam ins Blut gelangen. So reduziert der Genuss von langsam verdaulichen Vollkornprodukten unseren Heißhunger. Allerdings wird auch hierbei in geringerer Menge Insulin freigesetzt. Und das Fatale ist, dass auch unter diesen Bedingungen der Fettabbau stark gehemmt wird und zusätzlich verzehrtes Fett – etwa von einem Butterbrot – direkt in die Fettspeicher wandert.

FAZIT: INSULIN MÄSTET UNS

Vereinfacht dargestellt sorgt Insulin also dafür, dass im Fettgewebe Fett gespeichert bleibt und überschüssige Kohlenhydrate in Fett umgewandelt werden. Gleichzeitig werden der Fettabbau und damit die Mobilisierung unseres Fettgewebes nahezu vollständig blockiert. Insulin ist also unser Masthormon. Diese Insulineffekte haben zur Folge, dass jede übermäßige Zufuhr von Kohlenhydraten, die ja zwingend eine Freisetzung von Insulin nach sich zieht, das Fett in den Fettzellen quasi einschließt. Unsere übliche Ernährung voller Kohlenhydrate schleppt uns somit in eine Insulinfalle, die uns immer dicker macht.

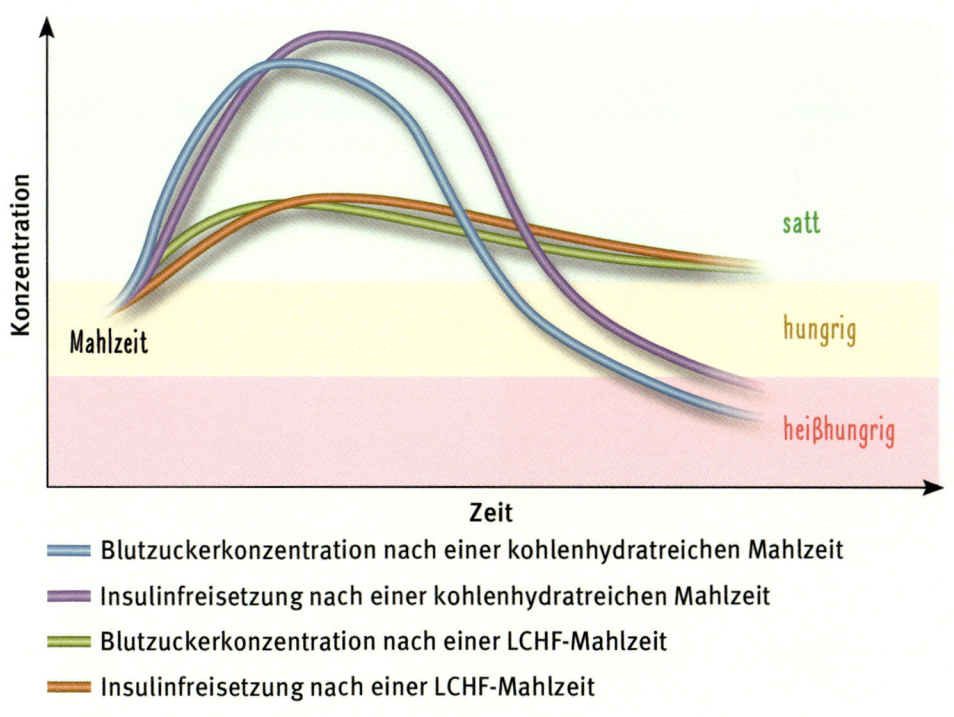

— Blutzuckerkonzentration nach einer kohlenhydratreichen Mahlzeit
— Insulinfreisetzung nach einer kohlenhydratreichen Mahlzeit
— Blutzuckerkonzentration nach einer LCHF-Mahlzeit
— Insulinfreisetzung nach einer LCHF-Mahlzeit

GLYKOGENSPEICHERUNG

Der größte Teil der Glukose wird in den Zellen verstoffwechselt. Ein Überschuss an Glukose kann in Form von Glykogen auch gespeichert werden, allerdings nur in der Muskulatur und in der Leber. Beim Abbau von Glykogen wird dann wieder Glukose freigesetzt. Nur die Glukose aus dem Glykogenspeicher der Leber kann allerdings zur Aufrechterhaltung der Blutzuckerkonzentration beitragen. Dieser Speicher der Leber reicht, um unser Gehirn für ein paar Stunden mit der notwendigen Glukose zu versorgen. So können die Zeiten zwischen den Mahlzeiten oder unsere Schlafphase abgepuffert werden. Nach etwa einer Nacht ist das Glykogen aus diesem Speicher aber vollständig aufgebraucht.

WICHTIG

GLUKOSE & FETTSPEICHERUNG
Wenn wir im Abstand von wenigen Stunden kohlenhydratreiche Mahlzeiten zu uns nehmen, aber die Glukose nicht vollständig zur Energiegewinnung verbrauchen, laufen unsere Speicher schnell über. In der Leber fließt überschüssige Glukose dann in die Fettsynthese ein. Das heißt: Ein Übermaß an Kohlenhydraten trägt erheblich zur Fettspeicherung bei.

Fette

Die meisten Fette in unserer Nahrung sind sogenannte Triglyceride. Sie enthalten drei Fettsäuren, deren chemische Struktur zur Unterscheidung der Fette dient. Unterschieden wird unter anderem zwischen gesättigten und ungesättigten Fettsäuren. Einige ungesättigte Fettsäuren, insbesondere die Omega-3-Fettsäuren, aber auch die einfach ungesättigte Fettsäure, die Ölsäure, sowie die doppelt ungesättigte Fettsäure, die Linolsäure, sind für unseren Stoffwechsel wichtig. Vor allem die Omega-3-Fettsäuren wirken sich günstig auf die Struktur von Zellmembranen aus. Sie sind reichlich in fettem Seefisch enthalten.

Neben den Triglyceriden gibt es noch weitere fettähnliche Substanzen, die beispielsweise für unsere Gehirnfunktion wichtig sind. Dazu gehört unter anderem das Cholesterin. Hauptsächlich nehmen wir mit unserer Nahrung jedoch Triglyceride zu uns. Ihre Fettsäuren werden vor allem von unseren Muskelzellen als Brennstoff verwendet. So verbrennt unser Herz, als kontinuierlich arbeitender Muskel, überwiegend die Fettsäuren der Triglyceride.

GESÄTTIGT ODER UNGESÄTTIGT?

In den vergangenen Jahrzehnten war in der Medizin die Meinung verbreitet, dass gesättigte Fette einen Risikofaktor für die Gesundheit bergen. In Untersuchungen wurde ein hoher Verzehr dieser Fette unter anderem mit einem erhöhten Herzinfarktrisiko in Verbindung gebracht. Neue Studien mit mehreren Hunderttausend Probanden zeigen jedoch ein anderes Bild: Weder die Gesamtfettzufuhr über die Nahrung noch die im Blut zirkulierende Gesamtfettmenge steht in einem direkten Bezug zur Häufigkeit von Herzerkrankungen. Gesättigte Fette, wie sie beispielsweise in Fleisch und Milchprodukten vorkommen, können sogar die gesünderen sein. Sie sind chemisch stabil und oxidieren nicht, werden also durch Sauerstoff nicht verändert. Mehrfach ungesättigte Fette, etwa aus Sonnenblumenöl, Weizenkeimöl oder Distelöl, sind weniger günstig, da sie chemisch instabil sind und insbesondere beim Erhitzen schädliche Umbauprodukte entstehen können.

Schädliche Umbaustoffe: Ungesättigte Fette sind nicht so gesund wie häufig angenommen.

TRANSFETTSÄUREN

Enthalten Lebensmittel größere Mengen ungesättigter Fette, können beim Kontakt mit Luftsauerstoff Substanzen entstehen, die einen unangenehmen ranzigen Geschmack haben. Um das zu vermeiden, wird in industriell gefertigten Lebensmitteln mit langer Haltbarkeit überwiegend gehärtetes Fett verwendet. Beim industriellen Prozess der Fetthärtung oder auch durch starkes Erhitzen beim Kochen können aus ungesättigten Fettsäuren jedoch sogenannte Transfettsäuren entstehen.

Es hat sich gezeigt, dass gerade der Verzehr von Lebensmitteln mit einem hohen Gehalt

dieser Transfettsäuren ein erhöhtes gesundheitliches Risiko birgt. Da diese Lebensmittel jedoch auch eine größere Menge an gesättigtem Fett enthalten, wurde das erhöhte Risiko zunächst fälschlicherweise dem Verzehr von gesättigtem Fett zugeschrieben.

FETTABBAU

Wenn der Darm keine Glukose mehr liefert und die Insulinkonzentration im Blut gesunken ist, kann im Fettgewebe und in der Leber Fett gespalten werden. Fettsäuren, egal ob sie aus der Nahrung oder dem Speicherfett stammen, können von fast allen Zellen aufgenommen werden und zur Energiegewinnung dienen. Das ist vor allem für unsere Muskelzellen wichtig, die ihren Energiebedarf damit decken.

Beim Abbau von Fett werden also einerseits Fettsäuren freigesetzt, andererseits bleibt

Glycerin übrig. Glycerin kann dann entweder vollständig verstoffwechselt und mit Fettsäuren zu Triglyceriden verbunden werden oder es dient als Baustein für die Neusynthese von Glukose (Glukoneogenese).

Versorgung des Gehirns

Eine Sonderstellung hinsichtlich der Energieversorgung nimmt unser Gehirn ein. Sowohl Triglyceride als auch freie Fettsäuren sind im Blut an Proteine gekoppelt und können die Blut-Hirn-Schranke nicht überwinden. Deshalb ist es nicht möglich, sie direkt zur Versorgung der Nervenzellen des Gehirns heranzuziehen.

Das Gehirn setzt pro Tag rund 600 Kalorien um, pro Kilogramm ist das fast das Zehnfache von dem, was der restliche Organismus unter Ruhebedingungen pro Kilogramm benötigt. Ein Gramm Glukose enthält vier Kalorien, der tägliche Glukosebedarf des Gehirns liegt somit bei circa 150 Gramm. Wenn wir diese Menge nicht zu uns nehmen, reichen die im Blut vorhandene Glukosemenge und das in der Leber gespeicherte Glykogen maximal ein bis zwei Tage für die Energieversorgung des Gehirns.

Beim Fasten müssen unsere Nervenzellen deshalb nach kurzer Zeit aus anderen Quellen mit Glukose versorgt werden. Dazu wird in der Leber Glukose neu hergestellt. Diese Glukoneogenese gewährleistet, dass unser Gehirn auch weiterhin genügend Glukose erhält. Allerdings ist die Kapazität der Glukoneogenese begrenzt und reicht nur, um das Gehirn wenige Tage lang vollständig mit Energie zu versorgen.

STOFFWECHSEL UMSTELLEN

Die Erfahrung zeigt jedoch, dass auch längeres Fasten möglich ist. Dafür ist es notwendig, den Stoffwechsel so umzustellen, dass auch unser Fettspeicher zur Versorgung des Gehirns mit Energie beitragen kann.

Denn während unsere Glukosereserven begrenzt sind, sind unsere Fettreserven oft recht üppig: 10 Kilogramm Fettgewebe enthalten circa 70 000 Kalorien. Bei einem täglichen Verbrauch von rund 2 500 Kalorien reicht das theoretisch für fast 30 Tage. Nach und nach brauchen wir für die Glukoseproduktion dabei allerdings unsere Proteinspeicher (Muskelmasse) auf. Die maximale Dauer des Fastens wird deshalb auch durch die vorhandene Muskelmasse begrenzt.

FAZIT: VERZICHT AUF KOHLENHYDRATE

Je häufiger wir also Kohlenhydrate zu uns nehmen, desto weniger Fett wird abgebaut. Ein Effekt, den wir langfristig daran erkennen, dass unser Körper mehr und mehr Fettdepots anhäuft. Der Schlüssel im Kampf gegen Übergewicht liegt somit nicht in der Vermeidung von Fett, sondern darin, die Zufuhr von Kohlenhydraten zu verringern. Erst dann hat unser Körper die Möglichkeit, Fett – ob aus der Nahrung oder aus dem Speicher – abbauen zu können.

Was uns dick macht

In der Frühzeit der Menschheitsentwicklung war es wichtig, im Körper Speicher für Notzeiten anzulegen. Bei unserer heutigen Ernährungsweise mit ständiger Verfügbarkeit von Lebensmitteln ist dies nicht mehr notwendig. Wenn wir heutzutage regelmäßig mehr Kalorien zu uns nehmen, als wir verbrauchen, sammeln wir Übergewicht an. Dick wird man aber nicht über Nacht, es ist ein Prozess, der dauert.

Zwischenmahlzeiten

Aus wissenschaftlicher Sicht ist es nicht nachvollziehbar, dass der Mensch Zwischenmahlzeiten braucht. Wenn wir jedem kleinen Hunger mit einem Kohlenhydratriegel oder süßem Obst begegnen, hat der Körper keine Chance, zumindest ab und zu in ein Energiedefizit zu kommen und seine Speicher zu leeren.

WICHTIG

JEDE KALORIE ZÄHLT
Ein täglicher Überschuss von nur wenigen Kalorien kann sich über Jahre zu einigen Kilo Übergewicht summieren. Umgekehrt ist es möglich, schnell abzunehmen, wenn die Kalorienzufuhr stark reduziert wird.

Die Übergewichtsfalle

Wie bereits beschrieben, zieht der Körper zuerst die Kohlenhydrate zur Energiegewinnung heran, während Fett gespeichert wird. Daraus wurde oft der Schluss gezogen, dass ein Verzicht auf Fett das Übergewichtsproblem lösen würde. Das Gegenteil ist der Fall: Wenn wir weniger Fett essen, versucht der Körper das durch mehr Kohlenhydrate auszugleichen – unser Appetit auf Süßes steigt. Geben wir diesem Appetit schnell nach, geraten wir in die Übergewichtsfalle, denn auch unser Fettspeicher kann mit Kohlenhydraten gefüttert werden.

Zuckerkonsum

Fruchtzucker (Fruktose) können wir über den Stoffwechsel besonders gut in Fett umwandeln. Fruktose wird in den Zellen zwar unabhängig von Insulin aufgenommen, in der Leber wird sie jedoch nicht direkt zur Energiegewinnung genutzt, sondern dient als Ausgangsstoff für die Fettsynthese. Während Glukose im Körper verbrannt wird, kann Fruktose bei hoher Zufuhr deshalb zur Bildung von Fettspeichern beitragen. Besonders problematisch ist aus Mais hergestellter Zuckersirup, der häufig in Softdrinks vorkommt und viel Fruktose enthält. Da diese eine größere Süßkraft als Glukose besitzt, wird sie gern für industriell gefertigte Lebensmittel verwendet. Es sind somit insbesondere Süßigkeiten und stark gesüßte Softdrinks, die zu Übergewicht führen.

KETONE UND KETOSE

Wenn der Insulinspiegel in unserem Körper sinkt, weil keine Kohlenhydrate mehr nachkommen, werden die Hormone Adrenalin und Glukagon freigesetzt. Sie stimulieren Mechanismen, die letztendlich den Abbau von Fett bewirken. In der Leber werden bei diesem Fettabbau kurzkettige Fettsäuren hergestellt, die als Ketone oder Ketonkörper bezeichnet werden. Eine mengenmäßig relevante Bildung von Ketonkörpern findet jedoch nur statt, wenn die tägliche Zufuhr an Kohlenhydraten bei durchschnittlicher körperlicher Disposition nicht mehr als 50 Gramm beträgt und unser Körper deshalb auf den Abbau von Fett angewiesen ist. Beim Fasten ist das selbstverständlich, bei vielen Diäten werden aber deutlich mehr Kohlenhydrate zugeführt. Das hat dann zur Folge, dass es in der Leber nicht zur Bildung von Ketonen kommt.

Die Wirkung der Ketone

Das Besondere an den Ketonen ist, dass sie von unseren Zellen wie Glukose als Brennstoff verwendet werden können. Das ist vor allem für die Versorgung des Gehirns wichtig, da Ketonkörper die Blut-Hirn-Schranke leicht überwinden können und von Nervenzellen ebenso gut aufgenommen werden wie Glukose. Mit steigender Konzentration im Blut übernehmen die Ketone innerhalb weniger Tage bis zu 60 Prozent der Energieversorgung des Gehirns. Das bedeutet, dass der Glukosebedarf des Gehirns auf weniger als 75 Gramm täglich reduziert wird. Und diese geringere Glukosemenge kann dann – auch wenn wir fasten – aus Aminosäuren und Glycerin gebildet werden.

Glukosedefizit ohne Ketone

Unter den bei uns üblichen Ernährungsbedingungen sind im Blut von Nichtfastenden so gut wie keine Ketonkörper zu finden. Ohne Ketone macht sich ein Absinken des Glukosegehalts im Blut bei insgesamt verminderter Zufuhr aber schnell bemerkbar: Dem Gehirn geht die Energie aus und die im Leberglykogen gespeicherte Glukose wird freigesetzt. Kommt es dann zu einer plötzlichen Belastung wie etwa starker körperlicher Anstrengung, sinkt der Glukosegehalt im Blut weiter. Und das kann extreme Folgen haben: Neben Hunger können Herzrasen, Schüttelfrost und Angstzustände auftreten. Sinkt der Blutglukosegehalt gar unter die Hälfte des Normalen, fallen wir ins Koma. Normalerweise veranlasst uns unser Gehirn aber lange vorher, Nahrung zu beschaffen. Und das ist vermutlich auch die wichtigste Ursache, warum viele Diäten nicht funktionieren – unser Gehirn treibt uns zum Essen. Ist unser Stoffwechsel aber so umgestellt, dass Ketonkörper vorhanden sind, können wir diese Notfallsituationen vermeiden und unseren Tag aktiv gestalten.

Bildung von Ketonen

Neben Fasten oder extremem Fettverzehr besteht eine weitere Möglichkeit, den Ketongehalt im Blut zu erhöhen: der Verzehr von mittelkettigen Fettsäuren. Fette, die diese speziellen Fettsäuren enthalten, werden schnell aus dem Darm aufgenommen und zur Leber transportiert, wo sie zu Ketonen umgebaut und ans Blut abgegeben werden.

INFO

KÖRPER KENNT KETONE

Ketone sind nichts Ungewöhnliches oder Fremdes für unseren Körper. Sie decken zum Beispiel bis zu 80 Prozent des Energiebedarfs eines neugeborenen Kindes, das mit Muttermilch gestillt wird.

KOKOSFETT

Unsere übliche Ernährung enthält nur wenige dieser Fettsäuren. Es gibt jedoch ein Nahrungsfett, das bis zu 65 Prozent daraus besteht: das Kokosfett. Wenn wir eine größere Menge davon zu uns nehmen, kommt es deshalb innerhalb weniger Stunden zu einer deutlichen Erhöhung der Ketonkonzentration im Blut. Setzen wir also Kokosfett auf den Speiseplan, wird schneller eine ausreichende Ketonversorgung erreicht und der Körper gelangt in den Zustand der Ketose.

Ideal für die LCHF-Küche: Kokosfett fördert die Produktion von Ketonkörpern.

Ketose

Der Begriff Ketose bezeichnet eine Stoffwechselsituation, in der eine so große Menge an Ketonen hergestellt wird, dass der Körper auf Fettverbrennung umstellt.
Die Konzentration der Ketone im Blut liegt dann in einem Bereich von 0,5 bis maximal 5 mmol/l (Millimol pro Liter). Entscheidend für den Erfolg der Ernährung mit Low Carb High Fat ist, dass dieser Zustand der Ketose erreicht wird.

Individuell anpassen

Die Erfahrung zeigt, dass die dafür notwendige Reduzierung des Kohlenhydratkonsums individuell sehr unterschiedlich ist. Bei manchen Menschen wird eine Ketose schon bei einem täglichen Verzehr von maximal 100 Gramm Kohlenhydraten erreicht. Bei der Mehrzahl ist aber eine Reduzierung auf maximal 50 Gramm pro Tag notwendig. Bei einigen reicht jedoch auch das nicht aus und der Kohlenhydratanteil der Nahrung muss noch weiter eingeschränkt werden. Im Einzelfall kann je nach persönlicher Disposition auch eine Begrenzung auf 20 Gramm notwendig sein, die normalerweise nur Diabetikern empfohlen wird.
Um diese individuellen Unterschiede richtig einschätzen zu können, ist zumindest zu Beginn der Umstellung auf die LCHF-Ernährung die Messung der Ketonkonzentration sinnvoll ▶ siehe Seite 24.

INFO

KETOAZIDOSE

Die Ketose muss deutlich von dem in der Medizin relevanten Zustand der Ketoazidose unterschieden werden. Unter Ketoazidose versteht man eine Stoffwechselsituation, bei der die Konzentration der Ketone im Blut auf mehr als 20 mmol/l ansteigt und der pH-Wert des Blutes gefährlich absinkt. Diese Situation kann bei lang anhaltendem Insulinmangel entstehen und ist eine Komplikation, die bei Patienten mit Diabetes (besonders Diabetes Typ 1) auftritt.

Fasten oder eine fettreiche Ernährung allein können jedoch nicht zu so hohen Ketonkonzentrationen im Blut führen, dass dadurch eine Azidose entsteht. Leider werden die Begriffe Ketose und Ketoazidose aber häufig gleichgesetzt. Auch von Medizinern wird deshalb oft fälschlicherweise vor einer Ketose gewarnt.

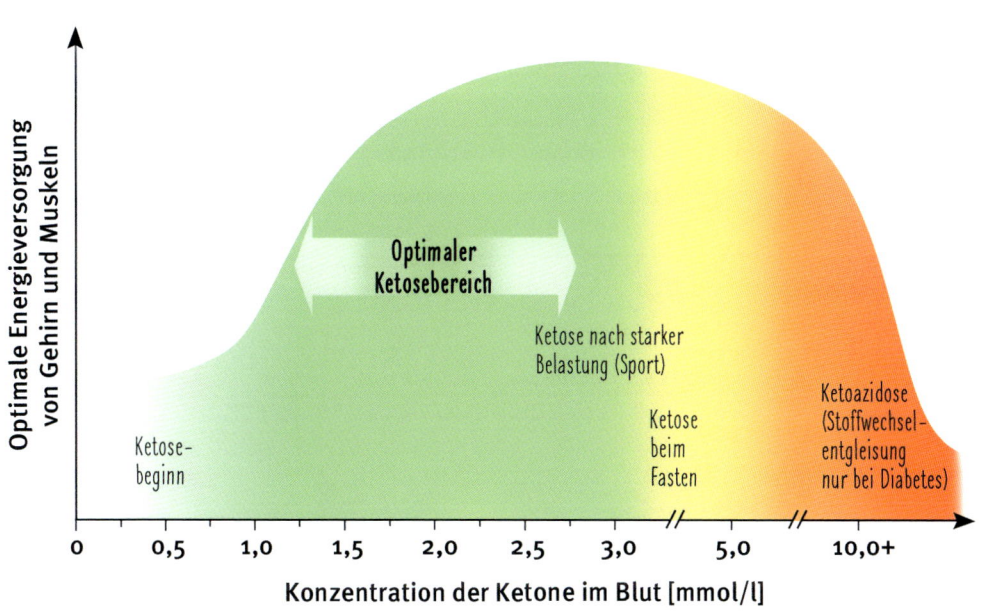

MESSUNG DER KETOSE

Schlank und fit mit LCHF – für dieses Ziel ist es wichtig, dass Ihr Körper genügend Ketone bildet. Gerade am Anfang sollten Sie deshalb messen, ob Sie die Ketose schon erreicht haben.

Eine Messung der Ketonkonzentration im Blut wäre dafür zwar aussagekräftig, erfordert aber eine Blutabnahme und ist deshalb kaum praktikabel. Da jedoch die Nieren in der ersten Phase der LCHF-Ernährung noch nicht an die Stoffwechselumstellung angepasst sind, wird eine geringe Menge der Ketone noch mit dem Urin ausgeschieden.

EINFACHE MESSUNG MIT KETOSTICKS

Zur Überprüfung des Ketongehalts im Körper können Sie deshalb zunächst sogenannte Ketosticks verwenden, die es in der Apotheke zu kaufen gibt. Taucht man diese Sticks in den Urin ein, lösen die Ketone eine Verfärbung aus, die anhand einer Vergleichsskala auch eine Aussage über den Ketongehalt im Blut zulässt.

Der Beginn einer Ketose lässt sich damit gut überprüfen. Im Laufe der Zeit bildet sich im Organismus jedoch ein Gleichgewicht zwischen Ketonproduktion und -verbrauch aus. Die Nieren stellen sich auf die Anwesenheit von Ketonen ein und die Menge der ausgeschiedenen Ketonkörper nimmt ab. Eine nach einigen Wochen geringere Verfärbung der Ketosticks bedeutet deshalb nicht, dass die Ketose nicht mehr erreicht wird, sondern zeigt an, dass die Phase der Stoffwechselanpassung beendet ist.

MESSUNG DER ATEMLUFT

In Zukunft werden voraussichtlich auch Geräte verfügbar sein, die eine Messung der Ketose über die Atemluft zulassen. Da ein Teil der Ketone in Aceton umgewandelt wird, spiegelt die Menge an Aceton in der Atemluft den Blutketongehalt wider. Einfache Messgeräte dafür werden derzeit entwickelt. Sie werden voraussichtlich bald die einfache Kontrolle der Ketose zulassen.

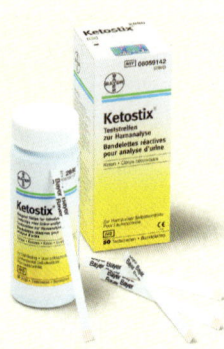

Positive Effekte der Ketose – Vermeiden von oxidativem Stress

Wenn wir in unserem Stoffwechsel Ketone statt Glukose verbrennen, führt das zu einem wirtschaftlicheren Umgang mit Sauerstoff: Für den gleichen Energiegewinn wird beim Verbrennen von Ketonen weniger Sauerstoff benötigt als bei der vollständigen Oxidation der Glukose. Das ist wichtig, denn bei jedem Umsatz von Sauerstoff entstehen in unserem Organismus sogenannte freie Sauerstoffradikale. Diese extrem reaktionsfreudigen Teilchen können Schäden insbesondere an Lipiden der Zellmembran, aber auch an unserer Erbsubstanz, der DNS, hervorrufen. Das Entstehen dieser Radikale beim Umsatz von Sauerstoff wird auch oxidativer Stress genannt.

KAMPF GEGEN FREIE RADIKALE

Um diese Schäden zu begrenzen, verfügen wir über Systeme, die freie Radikale entgiften können. Von großer Bedeutung sind dabei Substanzen aus unserer Nahrung, beispielsweise die Vitamine C und E, aber auch viele andere Lebensmittelinhaltsstoffe, die als Antioxidantien bekannt sind. Neben den Antioxidantien, die wir mit der Nahrung zuführen, nutzt unser Organismus aber auch eingebaute enzymatische Mechanismen, um oxidativen Stress abzuwehren. In Studien konnte gezeigt werden, dass die Aktivität dieser wichtigen Schutzmechanismen durch Ketone wesentlich gesteigert wird.

WICHTIG

DOPPELTE WIRKUNG
Einerseits werden beim Einsatz von Ketonen als Energieträger weniger freie Radikale erzeugt, andererseits werden Mechanismen zur Abwehr der vorhandenen Radikale verstärkt. Es entsteht somit weniger oxidativer Stress, der zugleich effektiver bekämpft wird. Da oxidativer Stress auch bei der Entstehung vieler Krankheiten, etwa Herz-Kreislauf-Erkrankungen, Demenz oder Krebs, eine Rolle spielt, hat die Umstellung des Stoffwechsels auf Verbrennung von Ketonen auch einen wichtigen Schutzeffekt für die Gesundheit.

UNTERSTÜTZUNG DER HIRNFUNKTION

Ein weiterer Vorteil der LCHF-Ernährung betrifft den quantitativen Abbau von Nahrungsfett. Bei hohem zur Ketose führenden Fettverzehr werden die gesättigten Fette aus der Nahrung bevorzugt zur Energiegewinnung verwendet, während die ungesättigten als Baustein etwa für den Aufbau von Zellmembranen benutzt werden. Es ist erwiesen, dass ein hoher Gehalt von ungesättigten Fettsäuren die Membranstruktur insbesondere von Nervenzellen verbessert und somit auch die Funktion des Gehirns unterstützt.

Ketone in der Evolution

Die Möglichkeit, das Gehirn mit einem zusätzlichen Brennstoff versorgen zu können, war für die Entwicklung des Menschen von fundamentaler Bedeutung. Die Lebensweise der Jäger und Sammler bedeutete fast automatisch, dass es immer wieder auch Zeiten des Mangels gab. Nur durch den Einsatz der Fettspeicher und die Bildung von Ketonen war es für unsere Urvorfahren dann möglich zu überleben. Süße und kohlenhydratreiche Nahrung war in der Steinzeit die Ausnahme – außer in Honig und in Früchten lieferte die Natur den Menschen einst keine schnell verfügbaren Kohlenhydrate.

Ernährung indigener Völker

In der Arktis lebende Eskimos, Mitglieder einiger Indianerstämme in Nordamerika und die Massai in Ostafrika ernährten sich noch Anfang des vergangenen Jahrhunderts extrem kohlenhydratarm. Berichte von Teilnehmern an Arktisexpeditionen und von Forschern, die mit Indianern lebten, zeigen, dass auch sie nach einer gewissen Anpassungszeit gut mit der fettreichen Ernährungsweise dieser Völker zurechtkamen und keine Mangelerscheinungen entwickelten. Im Gegenteil beobachteten sie sogar eine Verbesserung ihrer Leistungsfähigkeit. Auch unter Laborbedingungen konnten keine negativen Auswirkungen einer langfristigen Ernährung mit der sogenannten Inuit-Diät (fettreich und extrem kohlenhydratarm) festgestellt werden.

Ackerbau bringt Kohlenhydrate

Kohlenhydrate in großem Umfang fanden erst vor relativ kurzer Zeit den Weg auf unseren Speiseplan. Erst als aus Jägern und Sammlern Ackerbauern wurden – ein Vorgang, der vor circa 500 Generationen begann –, waren Kohlenhydrate aus Getreide verfügbar und ersetzten Wildtiere und Wildpflanzen. Heute sind die meisten Bewohner der industrialisierten Welt an den regelmäßigen Konsum von Getreide angepasst. Getreideanbau macht Nahrung planbar und Lebensmittelspeicher können über Notzeiten hinweghelfen.

Der Steinzeitmensch in uns

Biologisch gleicht jedoch auch der zivilisierte Mensch noch seinen Vorfahren aus der Steinzeit – insbesondere was Stoffwechselregulation und -bedürfnisse angeht. Es war in der Vorzeit ein großer Vorteil, in Zeiten guter Nahrungsversorgung Speicher anlegen zu können. Frauen hatten vor allem dann einen Evolutionsvorteil, wenn sie über ausreichende Fettreserven zum Stillen ihrer Kinder in Zeiten des Mangels verfügten. Das ist vermutlich eine der Ursachen dafür, dass sich bei Frauen Fettspeicher im Unterhautfettgewebe des ganzen Körpers verteilen. Während bei Männern Fett überwiegend im Bauchraum angesammelt wird.

HUNGER TREIBT UNS AN

Ebenso war es einst ein Pluspunkt, dass Nahrungsmangel mit unangenehmen Empfindungen wie Hunger verbunden ist. Dies war eine entscheidende Voraussetzung dafür, trotz Furcht und drohender Gefahren die sichere Höhle zu verlassen und auf Nahrungssuche zu gehen.

Feststellen zu können, ob Früchte genießbar sind und Kalorien enthalten, war für unsere Urvorfahren ebenfalls ein Evolutionsvorteil. Der Geschmackssinn »süß« sagte ihnen, dass es sinnvoll ist, stehen zu bleiben und alles Süße aufzuessen oder zu sammeln. Eine Eigenschaft, die uns auch heute noch dazu verleitet, bei Süßigkeiten zuzuschlagen. Leider ist diese evolutionstechnisch gesehen sinnvolle Eigenschaft in unserer heutigen Welt mit ihrem Überangebot an ständig zur Verfügung stehender Nahrung zu einem Nachteil geworden und trägt zur Entwicklung des Übergewichtsproblems sicher erheblich bei.

Ketonversorgung von Säuglingen

Auch die Entwicklung des einzelnen Menschen wird durch Ketone früh beeinflusst. Nach der Geburt reicht Glukose allein für die optimale Versorgung des Neugeborenen nicht aus. Muttermilch enthält deshalb große Mengen von mittelkettigen Fettsäuren, die in der Leber des Kindes schnell in Ketone umgewandelt werden. Damit steht dem Gehirn des Säuglings eine zweite wichtige Energiequelle zur Verfügung, wodurch eine optimale Hirnentwicklung gewährleistet wird. Denn der Energiebedarf des kindlichen Gehirns ist enorm, immerhin verdreifacht sich das Gehirngewicht eines Säuglings im ersten Lebensjahr.

Wichtig für die Entwicklung des Gehirns: Muttermilch versorgt das Baby mit Ketonen.

GESUND LEBEN MIT LCHF

Eine fettreiche und kohlenhydratarme Ernährung ist nicht nur ein Plus für die Figur. Sie hilft auch, Krankheiten vorzubeugen und zu bekämpfen.

Dreh- und Angelpunkt dabei ist der Einfluss auf die Produktion und Verwertung von Insulin ▶ siehe Seite 14. Insbesondere eine zunehmende Insulinresistenz, bei der die Zellen immer schlechter auf das Hormon reagieren, kann zum Problem werden. Als Folge muss in der Bauchspeicheldrüse mehr Insulin hergestellt werden. Auf lange Sicht erschöpft sich dabei bei vielen Menschen die Fähigkeit, überhaupt Insulin zu produzieren. Da eine fettreiche, kohlenhydratarme Ernährung den Bedarf an Insulin vermindert und zu einer deutlichen Reduzierung der Insulinresistenz beiträgt, kann sie bei vielen Erkrankungen sinnvoll sein.

DIABETES TYP 2

Wenn der Körper nicht mehr in der Lage ist, Insulin herzustellen, ist dies einer der Gründe dafür, dass sich ein Diabetes Typ 2 entwickelt. Auch starkes Übergewicht ist oft mit einem erheblich gesteigerten Insulinbedarf verbunden und ist ein Risikofaktor für die Entwicklung von Diabetes Typ 2. Deutliche Gewichtsabnahme und eine Umstellung auf LCHF können deshalb zu einer wesentli-

chen Besserung oder sogar zum Verschwinden des Diabetes führen. Eine konsequente LCHF-Ernährung ist das A und O der Diabetes-Prävention und -Therapie.

HERZERKRANKUNGEN UND SCHLAGANFALL

Die zu Übergewicht führende Insulinresistenz begünstigt auch Herzerkrankungen. Der geringere Fettabbau erhöht die Wahrscheinlichkeit, dass sich Fettablagerungen in den Blutgefäßen bilden. Geschieht das in den Herzkranzgefäßen, können Herzschwäche und Herzinfarkt die Folge sein. Ein Gefäßverschluss im Gehirn äußert sich dann als Schlaganfall.

DEMENZ UND ALZHEIMER

Auch Demenzerkrankungen zeigen eine Verbindung zur Insulinresistenz. Obwohl das Gehirn für die Aufnahme von Glukose kein Insulin benötigt, ist für den optimalen Glukosestoffwechsel in den Nervenzellen Insulin notwendig. Die Wahrscheinlichkeit, eine Demenz zu entwickeln, ist bei Diabetikern gegenüber der Durchschnittsbevölkerung verdoppelt. Die mangelhafte Energiegewinnung aus Glukose führt in den Zellen des Gehirns zu einem Energiedefizit, das die Funktion beeinträchtigt und zu den Symptomen der Demenz beiträgt. Seit kurzer Zeit wird deshalb von einigen Wissenschaftlern die Alzheimer-Demenz auch als Diabetes Typ 3 bezeichnet.

Bekannt ist auch, dass bei Alzheimer-Patienten eine deutliche Besserung eintritt, wenn sie fasten. Eine fettreiche, kohlenhydratarme Ernährung führt zu ähnlichen Ketonkonzentrationen im Blut, wie sie beim Fasten auftreten, und sorgt dafür, dass dem Gehirn ein alternativer Brennstoff zur Verfügung gestellt wird. Untersuchungen zeigten eine deutliche Verbesserung der kognitiven Fähigkeiten von Alzheimer-Patienten nach Umstellung auf eine ketogene Ernährung.

KREBS

Neuere Erkenntnisse zeigen, dass Insulin auch bei Krebserkrankungen eine Rolle spielt. Die Krebsentwicklung wird demnach durch hohe Mengen Insulin begünstigt. Eine dauernde Insulin-Überproduktion bei kohlenhydratreicher Ernährung trägt also zum Krebsrisiko bei. Auch in der Krebstherapie kann eine Umstellung auf fettreiche, kohlenhydratarme Ernährung hilfreich sein. Tumorzellen verstoffwechseln bevorzugt Glukose, die in den Zellen aber nur bis zur Stufe der Milchsäure abgebaut wird. Mithilfe der steigenden Säurekonzentration in der Umgebung können Tumorzellen dann gesunde Zellen verdrängen und Platz zum Ausbreiten erhalten. Wenn weniger Glukose verfügbar ist, wird dieser Prozess begrenzt und das Tumorwachstum erschwert.

CHOLESTERINSPIEGEL

Cholesterin ist eine fettähnliche Substanz, die unser Körper für den Aufbau und die Funktion von Zellen benötigt. Der optimale Cholesterinwert ist individuell unterschiedlich. Wird er deutlich überschritten, ist dies jedoch mit gesundheitlichen Risiken verbunden. Der Einfluss der Ernährung auf den Choleringehalt im Blut ist allerdings wesentlich geringer als von der Wissenschaft lange Zeit angenommen. Es hat sich sogar gezeigt, dass die Menge des Cholesterins in der Nahrung so gut wie keinen Einfluss auf den Cholesterinwert im Blut hat.

Zwar erhöht die LCHF-Ernährung die Zufuhr von Fett, die im Blut zirkulierenden Mengen werden aber durch vermehrten Verbrauch von Fett sogar reduziert. Und die am Stoffwechsel beteiligten Fette sind insgesamt in einem ausgewogeneren Verhältnis zu finden. Beim Cholesterin nimmt der Gehalt des »ungünstigen« LDL-Cholesterins ab, während der des »günstigen« HDL-Cholesterins sogar zunehmen kann. Die LCHF-Ernährung stellt deshalb kein erhöhtes Risiko für das Auftreten von Herz-Kreislauf-Erkrankungen dar, sondern kann die Risiken sogar vermindern.

Abnehmen in Ketose

Es ist bekannt, dass eine Ernährung mit wenigen Kohlenhydraten – Low Carb – beim Abnehmen hilft. Low-Carb-Diäten machen bereits seit Längerem die Runde. Weniger bekannt war bisher, dass gleichzeitig der Fettanteil der Nahrung deutlich erhöht werden sollte und nur diese Ernährungsform auch langfristig den Stoffwechsel günstig umstellt. Die LCHF-Ernährung ist somit die Weiterentwicklung und Optimierung der Low-Carb-Methode. Unser Stoffwechsel richtet sich dank der LCHF-Kost dauerhaft auf Fettverbrennung ein. So wird der Fettabbau im Körper gefördert und die Fettspeicherung wird gehemmt.

Kalorien reduzieren reicht nicht

Ein prinzipielles Problem ist, dass auch eine kalorienreduzierte Diät unser Gewebe am Fettabbau hindern kann, und zwar dann, wenn diese immer noch relativ reich an Kohlenhydraten ist, die zur Insulinfreisetzung führen. Denn je höher der Insulinspiegel ist, desto ausgeprägter ist auch die Fettspeicherung ▸ **siehe Seite 14/15.**
Die Lösung des Problems liegt in der kohlenhydratarmen, fettreichen Ernährung, mit der eine Ketose erzeugt wird. Nach einigen Tagen der Umstellung bedienen sich unsere Zellen zur Energieversorgung am Ketonangebot des Blutes. Der dann notwendige Fettabbau versorgt die Leber mit den für die Ke-

WICHTIG

SCHLANK OHNE HUNGER
Da kein Hungergefühl entsteht, ist eine kalorienreduzierte LCHF-Ernährung wesentlich leichter durchzuhalten als eine fettreduzierte Diät mit vergleichbarem Kaloriengehalt.
Wenn die ersten Tage der Umstellung geschafft sind, ist es ohne Weiteres möglich, mit LCHF abzunehmen, ohne zu hungern.

tonproduktion notwendigen Rohstoffen. Da nun insgesamt im Blut ein ausreichender Pool von Nährstoffen vorhanden ist und bei geringer Kohlenhydratzufuhr eine Insulinausschüttung unterbleibt, werden die Mechanismen, die in unserem Gehirn das Hungergefühl erzeugen, nicht angeregt.

UMSTELLUNG BRAUCHT ZEIT

Die Anpassungsphase ist notwendig, um in den Zellen genügend der für den Ketonabbau notwendigen Enzyme herzustellen. Aus diesem Grund steigt der Ketongehalt im Blut in den ersten Tagen der LCHF-Ernährung auch deutlich an: Es werden mehr Ketone gebildet, als verbraucht werden können. Ist die zelluläre Enzymausstattung dann an die große Ketonmenge angepasst, wird auch erheblich mehr an Ketonen umgesetzt.

Man merkt das daran, dass der Ketongehalt im Blut aufgrund des erhöhten Verbrauchs sinkt, bei gleicher Produktionsmenge von Ketonen ▶ siehe Seite 24. In den ersten Tagen einer Umstellung auf LCHF ist bei hoher Ketonkonzentration im Blut auch häufig das Umbauprodukt Aceton im Atem bemerkbar. Dieser Geruch verschwindet jedoch später, da dann Ketonproduktion und -verbrauch im Gleichgewicht sind.

Fettreiche Proteinquellen

Ein Fehler wäre es, bei der LCHF-Ernährung den Verzicht auf Kohlenhydrate durch Lebensmittel mit einem hohen Proteingehalt kompensieren zu wollen. Leider können größere Mengen Protein verhindern, dass der Körper Ketone produziert, da auch Protein zu einer Ausschüttung von Insulin

führt. Fettarme Proteinquellen, wie etwa mageres Geflügelfleisch, sollte man deshalb immer mit ausreichend Fett – zum Beispiel einer Sahnesoße – kombinieren. Am besten ist es, von vornherein eher den fettreichen Proteinquellen wie fetten Käsesorten, fettem Fisch wie Lachs oder Fleisch mit hohem Fettanteil den Vorzug zu geben.

Keine Angst vor der Waage: LCHF macht satt und sorgt trotzdem für eine schlanke Linie.

INFO

»ACETONIGER« ATEM

Wenn die Konzentration der Ketone im Blut hoch ist, wird aus Acetoacetat Kohlendioxid abgespalten und es entsteht Aceton. Aceton kann vom Körper nicht weiterverwendet werden und wird zum Teil ausgeatmet. Dies ist die Ursache für den »fruchtigen« oder »acetonigen« Atem von Fastenden oder Patienten mit Ketoazidose.

Worauf muss ich achten?

Bei der Umstellung auf eine Ernährung, die Sie in Ketose bringt, müssen einige Stoffwechselfunktionen an die neue Situation angepasst werden. Davon sind vor allem die Nieren betroffen. Die Ketone sind zwar nicht schädlich für die Nierenfunktion, bewirken aber, dass einige Mineralien in der Übergangsphase vermehrt ausgeschieden werden. Betroffen sind die Mineralstoffe Natrium und Magnesium.

Salz

Natrium nehmen wir vor allem durch Kochsalz zu uns. In den ersten Wochen nach der Umstellung auf eine LCHF-Ernährung kann es vorkommen, dass Sie sich müde und abgespannt fühlen und Sie insbesondere bei Belastung wie etwa beim Sport schnell die Kraft verlässt. Ursache ist, dass von den Nieren mehr Salz ausgeschieden wird. Mit dem Salz geht dann auch mehr Flüssigkeit aus dem Körper verloren – ein Grund, auf ausreichende Trinkmengen zu achten. Der schnelle Gewichtsverlust bei der Umstellung auf ketogene Kost beruht deshalb nur zum Teil auf dem Abbau von Fett. Zu einem erheblichen Teil ist er auch auf den Verlust von Wasser zurückzuführen. Überschüssiges Wasser und Salz aus dem Körper zu entfernen, ist grundsätzlich gut. Geschieht das jedoch im Übermaß, können Kopfschmerzen, Müdigkeit und Abgeschlagenheit folgen.

Abgespannt? Eine Gemüsebrühe bringt Ihren Salzhaushalt schnell wieder auf Trab.

Magnesium

Bei der Umstellung auf eine ketogene Ernährung kommt es auch zu einem vermehrten Ausscheiden von Magnesium mit dem Urin. Magnesium ist ein essenzieller Mineralstoff, der für nahezu alle Stoffwechselfunktionen benötigt wird. Mit unserer üblichen Nahrung nehmen wir leider oft zu wenig Magnesium auf, sodass bei vielen Menschen der Magnesiumstatus schlecht ist. Kommt dann noch ein erhöhter Verlust über die Nieren dazu, können typische Magnesiummangelsymptome auftreten. Neben Wadenkrämpfen können dies auch Kopfschmerzen sein. Auch hier ist die Abhilfe einfach: Zumindest in der Übergangsphase der Ernährungsumstellung ist die zusätzliche Einnahme eines Magnesiumpräparates sinnvoll. Achten Sie darauf, dass in dem Präparat Magnesium in Form von Magnesiumcitrat enthalten ist, dieses wird vom Körper besonders gut verwertet. Mit circa 300 bis 400 Milligramm Magnesium pro Tag zusätzlich können Sie einen Magnesiummangel ausgleichen.

Säurebelastung

Immer wieder ist zu hören, dass eine ketogene Ernährung zu einer Ketoazidose führen könne. Unter Ketoazidose versteht man eine gefährliche Entgleisung der Säurekonzentration im Blut. Wie bereits erwähnt, treten derartige Ketoazidosen jedoch nur bei Diabetikern als schwerwiegende Komplika-

WICHTIG

GEMÜSE NICHT VERGESSEN
Um ausreichend mit Basen versorgt zu sein, ist es wichtig, die fettreiche ketogene Kost mit kohlenhydratarmem Gemüse zu kombinieren.

tion auf ▶ siehe Seite 23. In der Übergangs- und Anpassungsphase auf eine fettreiche und kohlenhydratarme Ernährung kann es jedoch sinnvoll sein, auch auf den Säure-Basen-Haushalt zu achten. Unsere übliche Ernährungsweise ist bereits oft mit einer Säurebelastung verbunden, die zwar noch nicht zu Änderungen des pH-Werts im Blut führt, die aber unsere Pufferkapazität vermindert und im Bindegewebe zu negativen Effekten und Beschwerden wie Verspannungen oder Schmerzen führen kann.

BASENREICH ERNÄHREN

Chemisch gesehen gehören die Ketone Acetoacetat und Betahydroxybutyrat zu den Säuren. Bei einer Ketose wird die Säurebelastung von basischen Substanzen gepuffert und der pH-Wert des Blutes bleibt konstant. Allerdings müssen die Basen dafür in ausreichendem Umfang nachgeliefert werden. Nahrungsmittel, die uns mit Basen versorgen, sind insbesondere alle Arten von Gemüse und auch viele Obstsorten.

SINNVOLL ERGÄNZEN

Bei reduzierter Gesamtkalorienzufuhr kann die Menge der Basenträger, die Sie zu sich nehmen, jedoch nicht ausreichend sein. Eine Gemüsebrühe, die noch die basischen Inhaltsstoffe des Gemüses enthält, kann dann für einen Ausgleich sorgen. In der Übergangsphase und bei längerfristig reduzierter Kalorienzufuhr ist auch die zusätzliche Einnahme eines Basenpräparats sinnvoll. Dabei gilt das Gleiche wie bei der Auswahl von Magnesiumpräparaten: Citrathaltige Präparate sind anderen vorzuziehen, da die Citrate den Basen entsprechen, die wir auch mit einer basischen Ernährung zu uns nehmen würden.

Harnsäure-Keton-Konkurrenz

In den ersten Tagen der LCHF-Ernährung steigt die Ketonkonzentration im Blut deutlich an. Über die Nieren wird ein Teil dieser Ketone dann mithilfe bestimmter Transportmechanismen ausgeschieden. Dieselben Systeme sind auch für die Ausscheidung von Harnsäure zuständig. Es kommt deshalb zu einer Konkurrenzsituation zwischen Ketonen und Harnsäure bei der Ausscheidung. Als Folge steigt die Konzentration der Harnsäure im Blut an. Die Ursache dafür ist aber nicht eine vermehrte Bildung von Harnsäure, sondern eine geringere Ausscheidung. Etwa vier bis sechs Wochen nach der Ernährungsumstellung normalisiert sich die Harnsäurekonzentration im Blut wieder.

WICHTIG

LCHF UND GICHT
Wenn Sie schon einmal einen Gichtanfall hatten, sollten Sie nicht schlagartig in die LCHF-Ernährung einsteigen, sondern die Umstellung langsam angehen.

WICHTIGES ANTIOXIDANS

Harnsäure ist ein wichtiges Antioxidans. Eine erhöhte Konzentration kann einen positiven Effekt haben. Eine starke Erhöhung kann bei Menschen mit einer entsprechenden Prädisposition aber auch das Risiko eines Gichtanfalls erhöhen.

LCHF und Sport

Die positiven Gesundheitseffekte von regelmäßiger Bewegung sind allgemein bekannt und auch durch eine Vielzahl von wissenschaftlichen Untersuchungen bewiesen. Fünfmal pro Woche eine halbe Stunde lang moderat Sport zu betreiben, vermindert das Risiko für Herz-Kreislauf-Erkrankungen, Diabetes Typ 2, Demenz und auch einige Krebsarten deutlich.

Leider wurde in vielen Untersuchungen aber auch gezeigt, dass Übergewicht mit Sport allein nicht zu bekämpfen ist. Als Strategie zum Abnehmen ist Bewegung ohne eine gleichzeitige und konsequente Änderung der Ernährungsgewohnheiten deshalb nicht erfolgversprechend.

Natürlich werden bei sportlicher Aktivität auch Kohlenhydrate verbraucht. Aus diesem Grund konsumieren viele Sportler vor oder während der Belastung große Mengen Kohlenhydrate, etwa in Form von Nudeln. Die Kohlenhydratspeicher unseres Körpers sind im Vergleich zu unseren Fettspeichern jedoch klein.

Ketose und Leistungssport

Zunehmend wächst deshalb auch im Leistungssportbereich die Erkenntnis, dass Ketone die Muskulatur genauso mit Energie versorgen können wie Glukose.

Bei entsprechender Gewöhnung an eine fettreiche Ernährung und Ausbildung einer Ketose ist somit bei Sportlern die Leistungsfähigkeit gleich groß wie nach der Zufuhr

großer Mengen von Kohlenhydraten. Außerdem kommt es im Zustand der Ketose nicht zu dem von Sportlern gefürchteten sogenannten Hungerast. Dieser wird durch den starken Abfall der Glukosekonzentration im Blut bei extremer körperlicher Belastung hervorgerufen. Sportlern in Ketose stehen hingegen ausreichend alternative Energiequellen aus Fett zur Verfügung, um diesen schwerwiegenden Leistungseinbruch zu vermeiden.

Fit mit LCHF: Ketone versorgen die Muskulatur gleichmäßig mit Energie.

INFO

ABNEHMEN DURCH SPORT

In einem Kilogramm Fettgewebe sind circa 7 000 Kilokalorien enthalten. Beim Joggen verbrauchen wir durchschnittlich 600 bis 700 Kilokalorien pro Stunde. Das heißt: Für ein Kilogramm Fettabnahme müssten wir rund 10 Stunden laufen.

EINSTIEG IN DIE LCHF-KÜCHE

SAGEN SIE HEISSHUNGER UND ÜBERFLÜSSIGEN PFUNDEN ADE UND STARTEN SIE IN EIN NEUES GESÜNDERES LEBEN. DIE LCHF-KÜCHE MACHT SATT, SCHMECKT UND LÄSST IHRE FETTPOLSTER EINFACH DAHINSCHMELZEN.

GUTE PLANUNG IST DAS A UND O

Eine Ernährungsumstellung ist ein großer Schritt. Manchmal scheitert sie schon daran, dass unklar ist, wie es überhaupt losgehen soll. Wichtig ist deshalb eine gute Vorbereitung, die den Start und auch das Durchhalten erleichtert. Denn eine Ernährungsumstellung ist eher mit einem Marathon als mit einem Sprint zu vergleichen.

Ganz am Anfang steht die eigene Entscheidung. Es ist zwar einfacher, wenn auch die anderen Personen in einem Haushalt den Neuanfang mitmachen oder ihn zumindest unterstützen, letztlich verantworten jedoch immer wir selbst, was und wie viel wir essen. Deshalb ist zunächst ein entschiedenes Ja zur Umstellung wichtig. Alle weiteren Etappen können mit kleinen Tricks und Motivationshilfen einfacher gestaltet werden. Einige dieser Tricks wollen wir Ihnen auf den folgenden Seiten verraten.

Vorbereitung und Start

Neben der Entscheidung für ein gesünderes und bewussteres Leben steht am Beginn einer Ernährungsumstellung häufig auch der Wunsch, Gewicht zu verlieren. Machen Sie dafür zunächst eine ehrliche Bestandsaufnahme, setzen Sie sich realistische Ziele und halten Sie diese Ziele fest.

Das Foto

Hilfreich ist es, einige Fotos zu machen, die den Ist-Zustand dokumentieren. Denn wenn der eigene Körper sich verändert, nehmen wir das selbst oft kaum wahr. Fotos, die in regelmäßigen Abständen gemacht werden, helfen, die kleinen und großen Veränderungen auch zu sehen. Einfache selbst gemachte Schnappschüsse von vorne, hinten und der Seite reichen dafür völlig aus.

Die Waage

Natürlich gibt auch die Waage Aufschluss über erreichte Ziele. Legen Sie fest, wie oft Sie sich künftig wiegen wollen. Wer sich von kleinen Gewichtsschwankungen nicht beeindrucken lässt, kann sich täglich wiegen. Wer davon jedoch entmutigt wird, sollte der Waage keine allzu große Bedeutung beimessen. Es reicht völlig, das Gewicht einmal pro Woche oder sogar nur alle zwei Wochen zu kontrollieren. Denn der Erfolg einer Ernährungsumstellung zeigt sich nicht nur in der Gewichtsabnahme, sondern auch in Ih-

rem veränderten Körpergefühl und Ihrem allgemeinen Wohlbefinden.

Außerdem kann das Körpergewicht sogar innerhalb eines Tages um ein bis zwei Kilogramm schwanken – durch die Aufnahme von Nahrung, durch Wassereinlagerungen, Sport, hohe Temperaturen oder bei Frauen bedingt durch den Zyklus. Die Waage ist also nicht immer das zuverlässigste Mittel, um herauszufinden, ob Sie mit der Ernährungsumstellung auf dem richtigen Weg sind. Wenn Sie sich wiegen, sollte das aber immer am Morgen sein, bevor Sie etwas gegessen oder getrunken haben. Nur so erhalten Sie vergleichbare Ergebnisse.

Das Maßband

Neben der Waage und den Vergleichsfotos hat sich das Maßband zur Messung des Erfolgs einer Ernährungsumstellung bewährt. Empfehlenswert ist es, alle zwei Wochen den Umfang von Hals, Brust, Bauch, Hüfte und Oberschenkeln zu messen und die Ergebnisse schriftlich festzuhalten. Besonders wichtig ist dabei das Messen des Bauchumfangs ▶ siehe Seite 9.

Im Laufe der Zeit wird es dazu kommen, dass Ihre Kleidung lockerer sitzt und irgendwann sogar zu groß wird. Es kann eine gute Motivationshilfe sein, eines der dann zu weiten Kleidungsstücke aufzubewahren, ab und zu hineinzuschlüpfen und sich darüber zu freuen, wie viel Gewicht und Umfang bereits verschwunden sind.

Unterstützer suchen

Wenn Sie nicht allein leben, sollten Sie alle Personen Ihres Haushalts um Unterstützung bitten. Auch wenn die anderen bei der LCHF-Ernährung nicht konsequent mitmachen, können zum Beispiel Süßigkeiten gekauft werden, die Sie selbst nicht ganz so gern mögen wie Ihre Mitbewohner. Vielleicht hilft es Ihnen auch, wenn die Kohlenhydratbomben so weggeräumt werden, dass Sie sie nicht ständig im Blick haben.

Was steckt drin? Das Etikett verrät, welche Lebensmittel zu Ihrer LCHF-Ernährung passen.

Wenn die anderen mitmachen, ist es natürlich umso besser. Dann gilt es, Speisekammer und Küche zu durchforsten und alle unerwünschten Lebensmittel auszusortieren. Das ist auch eine gute Übung, um den Blick dafür zu schärfen, welche Nahrungsmittel viele Kohlenhydrate enthalten und welche nicht.

Richtig einkaufen

Die ersten Einkäufe im Supermarkt werden länger dauern als gewohnt, das sollten Sie einplanen. Die Einkaufstouren sind keine verschwendete Zeit, sondern eine wichtige Lernphase für Sie. Studieren Sie die Aufschriften auf den Lebensmittelverpackungen, um herauszufinden, welche Produkte auch wirklich auf Ihren LCHF-Speiseplan gehören. Am einfachsten ist es, wenn Sie sich bereits vorher eine Einkaufsliste schrei-

TIPP

ERNÄHRUNGSTAGEBUCH

Um den Überblick nicht zu verlieren, kann es hilfreich sein, ein Ernährungs- oder Kalorientagebuch zu führen. Schreiben Sie auf, was Sie essen und wie viele Kalorien zum Beispiel Ihre kleinen Snacks zwischendurch haben. So vermeiden Sie unbewusstes Essen nebenbei.

WICHTIG

JEDER TAG ZÄHLT

Jeder Tag, an dem Sie abends zufrieden mit Ihren Fortschritten schlafen gehen, ist ein Erfolg. Setzen Sie sich kurzfristige Ziele, wenn die langfristige Perspektive Sie anstrengt. Betrachten Sie jeden Tag für sich und genießen Sie jeden Ihrer Erfolge!

ben und wissen, was Sie in den nächsten Tagen kochen möchten. Damit vermeiden Sie Impulseinkäufe. Mit der Zeit werden Sie viele Produkte kennen und müssen nicht mehr alles nachlesen. Es ist wichtig, auch beim Einkauf Routine zu entwickeln, damit die Ernährungsumstellung auf Dauer nicht zu Ihrer Hauptbeschäftigung wird.

Durchhalten

Immer wieder wird es auch Phasen geben, in denen die Pfunde nicht so schnell purzeln, wie Sie sich das wünschen. Der größte Fehler wäre es nun aufzugeben. Schließlich gehören neben dem Gewichtsverlust zur Umstellung auf LCHF auch folgende positive Veränderungen:

- konstante Energie den ganzen Tag
- keine Müdigkeitseinbrüche
- größeres allgemeines Wohlbefinden
- ausgeglichene Stimmung.

Belohnung nicht vergessen

Eine verbreitete Angewohnheit ist es, sich selbst mit Essen zu belohnen oder zu trösten. Ein furchtbarer Tag auf der Arbeit? – Eine Tafel Schokolade vor dem Fernseher! Stress in der Familie? – Die Portion Pommes mit Mayonnaise wird es schon richten! Erfolgreich etwas beendet? – Ein Eisbecher klingt gut!

Natürlich dürfen wir uns belohnen – doch Belohnungen, die auf Essen basieren, sollten wir aus unserem Leben streichen.

Auch bei Ihrer Ernährungsumstellung ist es als Motivation hilfreich, wenn Sie sich zwischendurch etwas Besonderes gönnen. Setzen Sie sich Ziele, die erreichbar sind – auch Etappensiege dürfen gefeiert werden. Wie Sie sich dann beschenken, bleibt Ihnen überlassen: eine Massage, wenn die Waage fünf Kilogramm weniger zeigt, ein neues Paar Laufschuhe nach zehn Kilogramm, ein Fotoshooting beim Erreichen des Wunschgewichts, ein spannendes Buch nach der ersten Woche …

Es lohnt sich auch, Ziele und Belohnungen im Voraus schriftlich festzuhalten. So haben Sie Ihre nächste Etappe immer vor Augen.

Lebensmittel wiegen

Besonders am Anfang der Ernährungsumstellung ist es wichtig, dass Sie eine Küchenwaage benutzen, um den Blick für Portionsgrößen zu schulen. Nach und nach werden Sie ein Gefühl für die Mengen bekommen, die Sie essen dürfen. Doch selbst dann ist es noch gut, diese Mengen hin und wieder zu überprüfen. Sonst kann es schnell passieren, dass Sie viel mehr Kohlenhydrate zu sich nehmen, als Sie möchten. Wenn Sie die Grundregeln der LCHF-Ernährung verinnerlicht haben, können Sie auf Hilfsmittel wie Küchenwaage, Kalorientagebuch und detaillierte Essenspläne wieder verzichten und Sie werden trotzdem weiter abnehmen. Doch das braucht ein wenig Zeit, die Sie sich und Ihrem Körper auch geben sollten.

Versteckte Kohlenhydrate

Wenn Sie sich mit dem Kohlenhydratgehalt von Lebensmitteln beschäftigen, werden Sie immer wieder Überraschungen erleben. Manche Nahrungsmittel sind von Natur aus kohlenhydrathaltiger als erwartet, anderen werden bei der industriellen Verarbeitung Kohlenhydrate zugesetzt, sodass sie für die LCHF-Kost ungeeignet werden.

Ein gutes Beispiel sind Austern: Anders als fast alle anderen Meeresfrüchte haben sie einen überraschend hohen Gehalt an Kohlenhydraten von 5 Gramm pro 100 Gramm Muschelfleisch. Sie sollten deshalb nur in Maßen genossen werden. Knoblauch und Zwiebeln gehören ebenfalls in die »Nur in Maßen«-Kategorie, da auch sie einen vergleichsweise hohen Kohlenhydratgehalt haben. Allerdings werden sie ja meist auch nur in kleinen Mengen gegessen.

Fertigprodukte – Zucker als Geschmacksverstärker

Vorsicht ist auch geboten bei fertig zubereiteten Lebensmitteln wie Fleischsalat, Eiersalat, Dressings und Saucen: Sehr oft wird bei der Herstellung Zucker als Geschmacksverstärker benutzt. Je stärker ein Produkt industriell verarbeitet wurde, desto höher ist die Wahrscheinlichkeit, dass sich darin versteckte Kohlenhydrate in Form von Zucker und Stärke befinden ▸ siehe Seite 19. So wird der von uns als gesunde Alternative betrachtete Salat durch das Dressing möglicherweise nicht nur zur Kalorien-, sondern auch zur Kohlenhydratfalle.

Auf Nummer sicher gehen Sie mit Saucen und Dressings, die Sie selbst zubereitet haben. Im Restaurant sollten Sie fragen, welche Zutaten für die Gerichte verwendet wurden. Meistens werden Sie problemlos eine Auskunft bekommen.

WICHTIG

MEDIKAMENTE
Eine für viele überraschende Falle sind Medikamente wie zum Beispiel Hustensirup, der viel Zucker enthält. Die meisten dieser Medikamente gibt es auch in einer zuckerfreien Variante, nach der Sie in der Apotheke allerdings gezielt fragen müssen.

Nüsse – der schnelle Snack

Nüsse lassen sich wunderbar in die LCHF-Ernährung einplanen und sind ein einfacher und schneller Snack für zwischendurch. Sie sind lange haltbar, sodass Sie immer einen kleinen Vorrat davon zu Hause haben können. Auch unterwegs können Sie prima ein paar Nüsse knabbern. Da Nüsse von Natur aus sehr kalorienreich sind, ist es aber wichtig, auf die Mengen zu achten.

Ideal in die LCHF-Ernährung passen Macadamianüsse. Sie haben einen besonders hohen Fettanteil bei vergleichsweise wenig Kohlenhydraten und sind daher eine prima Energiequelle. Außerdem gut geeignet sind Paranüsse und Mandeln. Bei Walnüssen sollten Sie etwas genauer aufpassen, wie viel Sie davon essen. Und Cashewkerne sollten Sie am besten ganz meiden.

INFO

NÜSSE IM ÜBERBLICK

Lebensmittel	Kohlenhydrate pro 100 Gramm
Macadamianüsse	4 Gramm
Paranüsse	4 Gramm
Mandeln	5 Gramm
Erdnüsse	8 Gramm
Haselnüsse	10 Gramm
Walnüsse	11 Gramm
Cashewkerne	30 Gramm

Nährstoffkombination beachten

Manche Lebensmittel wie beispielsweise Salatgurken haben akzeptable Kohlenhydratmengen, sind aber trotzdem mit Vorsicht zu genießen. Da sie fast keine Kalorien und keinerlei Fett beinhalten, sind sie nicht sättigend und wir sind es gewöhnt, große Mengen davon zu essen. Dadurch summieren sich die enthaltenen Kohlenhydrate, ohne dass wir auch nur ansatzweise die für uns wichtigen Nährstoffe in ausreichender Menge zu uns genommen haben.

EIN AUSRUTSCHER UND SEINE FOLGEN

Wenn Sie an einem Tag gesündigt und zu viele Kohlenhydrate gegessen haben, sind Sie bereits am nächsten Tag nicht mehr in Ketose. Möglicherweise werden Sie auch mit Heißhungerattacken, Müdigkeit und Kopfschmerzen zu kämpfen haben. Das ist ärgerlich, aber auch verzeihlich. Das Wichtigste ist, dass Sie nun nicht erneut schwach werden und dem Drang nach noch mehr Kohlenhydraten nachgeben.

Wenn Sie bereits komplett an LCHF angepasst sind, was nach sechs bis zwölf Wochen ketogener Ernährung der Fall ist, sind die Folgen oft nicht mehr so gravierend wie in der Einstiegsphase. So oder so ist ein einzelner Ausrutscher aber kein Grund, sich entmutigen zu lassen. Am besten steigen Sie schon mit der nächsten Mahlzeit wieder in Ihr LCHF-Programm ein und lassen sich nicht aus der Ruhe bringen.

ACHTUNG – KOHLENHYDRATFALLE!

Diese Lebensmittel enthalten mehr Kohlenhydrate, als Sie vermuten. Streichen Sie sie ganz von Ihrem Speiseplan oder genießen Sie sie maßvoll.

Ketchup –
26 g KH
pro 100 g

Fertiges Joghurtdressing –
12 g KH pro 100 g

Fleischsalat –
7 g KH pro 100 g

Karotten –
5 g KH
pro 100 g

Birne –
12 g KH
pro 100 g

Vollmilch –
5 g KH
pro 100 g

Banane –
20 g KH pro 100 g

Rote Bete –
8 g KH pro 100 g

Erbsen –
12 g KH pro 100 g

Süßigkeitenhunger

Fast jeder mag Süßigkeiten. Es gibt zwei Möglichkeiten, in der LCHF-Ernährung damit umzugehen. Welche die geeignete ist, sollte jeder für sich selbst herausfinden.

Variante 1: weglassen

Was im ersten Moment hart klingt, ist oft leichter als gedacht. Unser Körper ist ein Gewohnheitstier – auch was den Süßigkeitenkonsum angeht: Das bedeutet, der große Appetit auf Süßes vergeht nach einiger Zeit, wenn Sie sich konsequent auf LCHF umgestellt haben. Auch der Geschmack verändert sich durch die ketogene Ernährung. Wer über Wochen hinweg keinerlei Süßigkeiten gegessen hat, empfindet bisher geschätzte Schleckereien schon bald als übermäßig süß. Zusätzlich zu der Veränderung der Geschmacksnerven verlangt auch der Körper

INFO

ZUCKERVERBRAUCH

Die Menge an Zucker, die in Europa durchschnittlich konsumiert wird, ist im Laufe der vergangenen Jahrzehnte dramatisch angestiegen. Im Jahr 1950 nahmen die Europäer im Schnitt 28 Kilogramm Zucker pro Jahr zu sich – 2014 waren es bereits 38 Kilogramm.

nach einiger Zeit nicht mehr nach Zucker. Er braucht ihn auch nicht mehr für einen schnellen Energieschub, da er gelernt hat, auf Fett als Energiequelle zurückzugreifen.

Variante 2: ketofreundliche Desserts

Dieser Weg erscheint zunächst sanfter und einfacher, ist manchmal aber schwerer, weil Süßigkeiten ein Thema bleiben. Es gibt jedoch eine Vielzahl von ketofreundlichen Desserts und süßen Leckereien, die Sie selbst zubereiten können. Pralinen, Schokomousse und auch Gebäck können Sie nach den Regeln der LCHF-Ernährung leicht herstellen. In den meisten Fällen werden Sie den Unterschied zu den üblichen Nachspeisen nicht oder kaum schmecken.

DIE RICHTIGE SÜSSE

Zunächst müssen Sie den für Sie passenden Zuckerersatzstoff finden. Granulierte Süßstoffe eignen sich besonders gut zum Backen und für Rezepte, bei denen die Konsistenz der Speise wichtig ist. Flüssigsüßstoff lässt sich gut dosieren. Durch die starke Konzentration der Süße schafft er aber kein Volumen und löst bei manchen Menschen zudem Heißhunger auf Süßes aus. Süßstoff in Tablettenform ist vor allem für das Süßen von Heißgetränken geeignet, da sich die Tabletten sonst nicht auflösen.

Ein gut in die LCHF-Küche passender Süßstoff ist Erythritol. Dabei handelt es sich um einen Zuckeralkohol, der als feines oder grobkörniges Pulver auf dem Markt ist. Die meisten Menschen vertragen Erythritol gut, doch auch dieser Zuckeralkohol kann zu Verdauungsstörungen führen. Da die Süßkraft von Erythritol der des Zuckers sehr nahe kommt, ist der Süßstoff vielseitig einsetzbar. Er eignet sich unter anderem gut zum Backen. Auch Zuckerersatzstoffe auf Steviabasis können Sie ausprobieren. Stevia hat jedoch einen deutlich ausgeprägten Eigengeschmack, der nicht jedem zusagt. Wenn Sie das richtige Süßungsmittel gefunden haben, kann es losgehen. Viele der ketofreundlichen Desserts sind auch gesund: Versuchen Sie es doch einmal mit einem herrlich cremigen Pudding aus Avocado und Kakaopulver, der durch den hohen Fettanteil der Avocado und die wenigen Kohlenhydrate perfekt in Ihren Tagesplan passt.

SELBST GEMACHTE SCHOKOLADE

Auch Schokolade können Sie ohne großen Aufwand selbst herstellen: Kakaopulver, Kokosfett und einen Süßstoff – mehr brauchen Sie nicht für eine Tafel Schokolade: Lassen Sie 60 Gramm Kokosfett bei niedriger Temperatur schmelzen und rühren Sie langsam 40 Gramm Backkakaopulver ein, bis sich eine homogene Masse bildet. Das Kokosfett auf keinen Fall zu heiß werden lassen, es schmilzt bereits bei etwa 25 Grad. Dann die Schokoladenmasse vom Herd nehmen und einen Süßstoff nach Wahl einrühren. Ein

Backblech oder eine geeignete Form mit Backpapier auslegen, die Schokomasse darauf verteilen und an einem kühlen Ort – aber nicht im Kühlschrank – mindestens 8 Stunden lang auskühlen lassen. Wenn Sie das Grundrezept beherrschen, können Sie kreativ werden und mit Nüssen, Chilischoten oder Salz experimentieren. Probieren Sie auch die Herstellung von zart schmelzenden Trüffeln aus, die garantiert jedem Schokoladenfan schmecken werden.

Zurückhaltend umstellen

In der Anfangsphase der LCHF-Ernährung ist es jedoch empfehlenswert, den Süßigkeitenkonsum deutlich einzuschränken. So kann Ihr Körper sich von zu viel Zucker in der Zeit davor erholen. Und auch die Geschmacksnerven haben Zeit, sich umzustellen und schon kleine Mengen Süßes als ausreichend wahrzunehmen.

TIPP

HOHER KAKAOANTEIL

Wenn es einmal schnell gehen soll, greifen Sie zu gekaufter Schokolade mit einem Kakaoanteil von 80 oder mehr Prozent. Sie hat zwar etwa 20 Gramm Kohlenhydrate pro 100 Gramm, aber schon wenige Stücke lindern oft das Verlangen nach Süßem.

BACKEN MIT LCHF

Muffins, Nussbrot oder Fladen – auch auf Gebäck müssen Sie nicht verzichten. Beim Backen gilt es jedoch, einige Besonderheiten zu beachten.

DAS RICHTIGE MEHL

Weizenmehl passt mit 71 Gramm Kohlenhydraten pro 100 Gramm nicht in die LCHF-Ernährung. Die gängigste Alternative ist nicht entöltes Mandelmehl mit nur 5 Gramm Kohlenhydraten pro 100 Gramm. Es hat ein mild-nussiges Aroma, das sowohl zu deftigem als auch zu süßem Gebäck passt. Anders als Weizenmehl ist dieses Mandelmehl sehr ölhaltig und saugt daher keine Flüssigkeit auf, der Teig bekommt so eine andere Konsistenz. Man kann Weizenmehl deshalb nicht einfach 1:1 durch Mandelmehl ersetzen.

SÜSSE MUFFINS

Ein einfaches Gebäck, das gut zu LCHF passt, sind diese süßen Muffins mit circa 180 Kalorien und 3 Gramm Kohlenhydraten pro Stück: 2 Eier mit 250 Gramm Speisequark schaumig schlagen und 50 Gramm Mascarpone unterheben. Dann 200 Gramm Mandelmehl und 10 Gramm Backpulver untermischen. Mit Süßstoff abschmecken. 70 Gramm dunkle Schokolade mit 90 Prozent Kakaogehalt klein hacken und ebenfalls unterheben. Den Teig in 10 Muffinformen füllen und bei 200 Grad Umluft etwa 15 Minuten lang backen.

Dieses Grundrezept können Sie abwandeln: Geben Sie beispielsweise ein paar Himbeeren oder Nüsse dazu. Wenn die Muffins noch warm sind, tritt der Mandelgeschmack besonders in den Vordergrund.

DEFTIGE VARIANTE

Mit 3 Eiern, 2 Esslöffeln Frischkäse, 50 Gramm geriebenem Käse, Salz, Gewürzen, dem Mandelmehl und dem Backpulver entsteht eine deftige Variante der Muffins. Aus dem Teig können Sie auch Fladen backen und beliebig belegen. Oder probieren Sie die Bacon-Muffins von Seite 118 aus.

BROT BACKEN

Wenn Sie LCHF-geeignetes Brot backen wollen, können Sie mit Nussmehlen, Leinsamen, Kürbiskernen und Pinienkernen experimentieren. Eier sind dabei das wichtigste Bindemittel. Aber auch Käse hilft, das Backwerk zusammenzuhalten. Er sorgt allerdings für eine dichtere Konsistenz.

DIE WAHL DER LEBENSMITTEL

Brot, Reis, Nudeln, Schokoriegel und andere Kohlenhydratbomben sollten nun von Ihrem Speiseplan verbannt werden. Essen Sie stattdessen viel Gemüse, Fleisch, Fisch, fetten Käse und ab und zu ein paar Beeren oder Nüsse. Welche Lebensmittel Sie bedenkenlos genießen können und wo Sie aufpassen müssen, erfahren Sie auf den folgenden Seiten. Lassen Sie sich inspirieren und probieren Sie auch einmal etwas Neues aus: Wie wäre es zum Beispiel mit selbst gemachter Mandelmilch im Kaffee?

Milchprodukte und LCHF

Viele von uns essen jeden Tag Milchprodukte. Käse und Milch sind aus unserer Ernährung kaum wegzudenken. In anderen Kulturen, wie etwa in Japan, spielen sie hingegen keine Rolle. Es geht also auch ohne.

Milch

Kuhmilch wird bei uns in vielerlei Form konsumiert: im Kakao, Kaffee oder pur, in Shakes, in Saucen, im Eis, Pudding oder Kartoffelpüree … 100 Milliliter Milch enthalten jedoch etwa 5 Gramm Kohlenhydrate, was bereits circa 10 Prozent der täglich empfohlenen Kohlenhydratmenge in der LCHF–Ernährung entspricht. Diese Kohlenhydrate bestehen hauptsächlich aus Laktose, sogenanntem Milchzucker. Milch ist daher für eine Ernährung nach den Regeln von Low Carb High Fat nicht ideal geeignet.

Joghurt

Milchsäurebakterien lösen in der Milch einen Gärungsprozess aus. Hinzugefügte Joghurtkulturen verdicken die Milch zu säuerlich schmeckendem Naturjoghurt. Die Milchsäurebakterien wandeln dabei den Milchzucker in Milchsäure um, was auch dazu führt, dass 100 Gramm Joghurt nur noch etwa 4 Gramm Kohlenhydrate beinhalten. Das macht ihn etwas geeigneter für eine kohlenhydratarme Ernährung als Milch. In Maßen ist er gut einsetzbar. Sie sollten allerdings auch beachten, dass die genauen Kohlenhydratwerte je nach Sorte schwanken können.

Naturjoghurt gibt es mit verschieden hohen Fettgehalten. Sie dürfen ruhig zu einer fettreichen Variante greifen, da Fett in der LCHF-Ernährung zur Sättigung dient. Die Konsistenz ist außerdem cremiger, und da Fett ein natürlicher Geschmacksverstärker ist, schmecken Speisen, die mit Vollfettjoghurt zubereitet wurden, meistens besser. Fruchtjoghurts, die es fertig zu kaufen gibt, sind für die LCHF-Küche hingegen ungeeignet, da sie zu viel Zucker enthalten. Wenn Sie aber in einen Naturjoghurt mit wenig Kohlenhydraten selbst ein paar Beeren mischen, haben Sie einen leckeren Nachtisch.

Sahne

Beim Zentrifugieren von Milch zur Produktion von Magermilch setzt sich der fetthaltige Teil der Milch oben ab und wird als Sahne abgeschöpft. Sahne ist eine Mischung aus Milchfett und Wasser und hat einen Fettanteil von mindestens 10 Prozent, meistens sogar 20 bis 30 Prozent. Dadurch ist Sahne sehr kalorienreich. 100 Milliliter enthalten zwar 300 Kalorien, aber auch nur 3 Gramm Kohlenhydrate.

Sahne ist vielseitig einsetzbar, sowohl in Süßspeisen als auch zum Verfeinern von Saucen. Die Nährstoffzusammensetzung passt wunderbar zur LCHF-Ernährung. Bei Sahne muss aber auf die Kalorien geachtet werden, die sich schnell summieren.

Saure Sahne

Bei der Herstellung von saurer Sahne wird Sahne mit Milchsäurebakterien versetzt, die für eine feste Konsistenz und einen säuerlichen Geschmack sorgen. Geschmacklich ähneln sich saure Sahne, Schmand und

Crème fraîche, wobei saure Sahne die fettärmste Variante mit nur 10 Prozent Fett ist. Schmand hat 20 bis 29 Prozent Fett, Crème fraîche muss mindestens 30 Prozent enthalten. Mit 4 Gramm Kohlenhydraten pro 100 Gramm ist saure Sahne ideal zum Verfeinern von Saucen und Eintöpfen.

Käse

Es gibt von keinem Milchprodukt so viele Varianten wie von Käse. Grob kann man zwischen Weichkäse (wie Camembert), Schnittkäse (wie Gouda), Hartkäse (wie Parmesan) und Frischkäse unterscheiden. Bei der Käseherstellung wird der Milch Lab hinzugefügt, wodurch das Milcheiweiß gerinnt. Nachdem der Käse in die passende Form gebracht wurde, wird er in Salzlake gelagert. Über die endgültige Konsistenz entscheidet unter anderem die Dauer der Lagerung. Frischkäse ist eine Ausnahme, weil dafür die Milch mit Milchsäurebakterien verarbeitet wird und Frischkäse nicht reifen muss. Käse ist durch seinen hohen Fettgehalt ein sehr kalorienreiches Nahrungsmittel, dessen Nährstoffzusammensetzung jedoch perfekt zu einer kohlenhydratarmen Ernährung passt. Zum Beispiel hat Gouda so gut wie gar keine Kohlenhydrate. Als Snack für zwischendurch, für Saucen, ein Sandwich ohne Brot ▸ siehe Seite 60 und zum Überbacken ist Käse hervorragend geeignet. Auch hier dürfen Sie ruhig zu den fetten Sorten greifen.

Quark

Eigentlich ist Quark ein Zwischenprodukt der Käseherstellung. Geronnene Milch wird ausgepresst und filtriert, wodurch der Speisequark seine typische weiche Konsistenz bekommt. Speisequark gibt es mit unterschiedlichem Fettgehalt. Magerquark hat unter 10 Prozent Fett, Halbfettquark 20 Prozent und Vollfettquark 40 Prozent. Speisequark hat zudem einen hohen Wassergehalt, daher empfiehlt es sich häufig, den Quark auszupressen oder das sich absetzende Wasser zumindest abzugießen. 100 Gramm Sahnequark mit 40 Prozent Fett enthalten 3 Gramm Kohlenhydrate und 160 Kalorien. Quark ist damit für die LCHF-Küche in Maßen geeignet. Besonders lecker ist Quark als kleine Nachspeise mit ein paar Erdbeeren oder Himbeeren gemischt.

Buttermilch

Buttermilch wird aus der Flüssigkeit hergestellt, die beim Buttern von Süßrahmbutter anfällt. Manche Buttermilchsorten werden außerdem noch mit Wasser versetzt. Mit einem Fettgehalt von nur einem Prozent ist Buttermilch eines der fettärmsten Milchprodukte, enthält aber bei relativ wenig Kalorien und Fett pro 100 Milliliter 4 Gramm Kohlenhydrate.

Buttermilch wird entweder in größeren Mengen als Getränk oder als Zugabe in Teig verwendet. Sie sollte in der LCHF-Ernährung keine große Rolle spielen.

Butter

Butter wird aus Rahm hergestellt, der ausgiebig geschlagen wird. Dadurch werden die Fettkügelchen des im Rahm enthaltenen Milchfetts zerstört. Die wässrigen Teile treten in Form von Buttermilch aus, das feste streichbare Milchfett bleibt als Butter übrig. Butter ist beinahe reines Fett. Sie enthält so gut wie keine Kohlenhydrate und dient als natürlicher Geschmacksverstärker. Dank ihres milden Eigengeschmacks ist sie in der Küche vielseitig verwendbar: Gießen Sie sie geschmolzen über gedünstetes Gemüse, braten Sie Fleisch und Fisch darin und bereiten Sie den Teig für Gebäck mit ihr zu. Auch als Bindung für Saucen ist ein Stück Butter ideal.

Nach den LCHF-Regeln dürfen Sie ohne Reue zu den fetten Sorten von Käse & Co greifen.

Aber bitte mit Sahne – Alternativen zur Milch

Wegen ihres hohen Zuckergehalts wird Kuhmilch für die kohlenhydratreduzierte Ernährung nicht empfohlen. Doch vielen Menschen fehlt sie – zum Beispiel im Kaffee. Dies ist aber auch eine Chance, einmal andere Produkte auszuprobieren und den eigenen Geschmack zu erweitern. Eine der beliebtesten Alternativen zur Milch ist es, Sahne im Kaffee zu trinken – was ausgesprochen gut schmeckt. Da für den gewünschten Effekt nur sehr wenig Sahne benötigt wird, ist dies auch bei einer kalorienbewussten Ernährung akzeptabel.

MANDEL-, KOKOS- UND SOJADRINK

Deutlich kalorienärmere Alternativen zur Kuhmilch sind Mandel-, Kokos- und Sojadrinks, die es in gut sortierten Supermärkten zu kaufen gibt. Sie haben zwischen 20 und 40 Kalorien pro 100 Milliliter Flüssigkeit und etwa 3 Gramm Kohlenhydrate. Anders als Sahne haben sie jedoch einen typischen Eigengeschmack und sind daher nicht in jedem Fall die erste Wahl. Beim Backen kann der Kokosgeschmack willkommen sein – im Kaffee ist er eher nicht erwünscht. Wenn der Kaffee zu heiß ist, flocken diese Drinks zudem schnell aus, was nicht besonders appetitlich aussieht.
Etwas kalorien- und kohlenhydratärmer als Kuhmilch ist auch Mandelmilch, die Sie mit wenigen Zutaten selbst herstellen können.

Schnell zuzubereiten & lecker

MANDELMILCH

200 g ungeschälte Mandeln | 1 l Wasser | Süß-
stoff nach Wahl

Für ca. 1 l Mandelmilch | 10 Min. Zuberei-
tung | mindestens 8 Std. Ruhezeit
Pro 100 ml ca. 45 kcal, 1 g E, 3 g F, 4 g KH

1 Die Mandeln in eine Schüssel geben und mit
kaltem Wasser bedecken. Mindestens 8 Stunden, am besten über Nacht stehen lassen.
2 Die gequollenen Mandeln abgießen, mit einem Liter frischem Wasser in eine Küchenma-
schine geben und pürieren. Es soll eine homogene Flüssigkeit möglichst ohne Stückchen
entstehen.
3 Die Mandelmilch über einem geeigneten Ge-
fäß durch ein sauberes, feinmaschiges Stofftuch
passieren, um auch die letzten kleinen Stücke
herauszufiltern.

AUCH PUR EIN GENUSS

Auf diese Art können Sie auch andere Nuss-
milchvarianten herstellen. Mandeln sind jedoch aufgrund der geringen Kohlenhydratmenge besonders geeignet und haben einen
milden Geschmack. Mandelmilch können
Sie auch pur gut trinken, besonders köstlich
schmeckt sie eisgekühlt. Im Kühlschrank
hält sich selbst gemachte Mandelmilch etwa
drei Tage lang.

TIPP

FÜR DEN VORRAT
Nussmilch ist auch zum Einfrieren geeignet. Füllen Sie sie am besten in Eis-
würfelförmchen. So haben Sie stets
eine kleine Portion in perfekter Dosie-
rung für Getränke oder Desserts parat.

Saucen in der LCHF-Küche

Sahnesaucen sind in der LCHF-Ernährung eine gute Beigabe zu Gemüse und Fleisch. Mit wenigen Millilitern Sahne können Sie in der Pfanne mit dem Bratfett eine schnelle Sauce zaubern, die Sie dann nur noch mit Gewürzen abschmecken müssen. Mandelmilch eignet sich auch als Saucen-basis. Sie können sie beispielsweise mit Parmesan oder Frischkäse eindicken. Wenn Sie Mandelmilch verwenden, sollten Sie die Sauce danach nicht mehr aufkochen, weil die Milch sonst ausflocken könnte. Das leicht nussige Aroma der Mandelmilch passt gut zu deftigem Fleisch und auch zu Gemüse wie etwa Brokkoli. Kokosmilch ist ideal für Currys und andere asiatische Gerichte. Besonders bei einem Curry können Sie die Sauce zum Schluss auch noch mit einem großen Löffel Joghurt verfeinern.

Gemüse & Co

Der Großteil der Kohlenhydrate, die wir täglich zu uns nehmen, sollte aus Gemüse stammen. Es versorgt unseren Körper mit wichtigen Nährstoffen und Vitaminen und ist außerdem in den meisten Fällen nicht sehr kalorienreich. Gemüse liefert unserem Körper zudem viele Ballaststoffe, die wir für die Verdauung brauchen.
In der LCHF-Ernährung gibt es keinen Grund, Gemüse nur gedünstet zu essen, um Kalorien zu sparen. Ob gebraten oder über-

WICHTIG

GEMÜSE-GRUNDREGEL
Alles, was über der Erde wächst, können Sie bedenkenlos essen. Alles, was unter der Erde wächst, sollten Sie nur in Maßen genießen. Wurzelgemüse hat prinzipiell mehr Kohlenhydrate als grünblättriges Gemüse, das über der Erde wächst.

backen, in Butter geschwenkt oder sogar frittiert: Erlaubt ist, was schmeckt. Zudem kommt dem Gemüse eine noch wichtigere Rolle auf dem Speiseplan zu, wenn wir auf typische Beilagen wie Reis und Nudeln verzichten. Experimentieren Sie! Mit ein wenig Fantasie können Sie viele Gemüsesorten neu für sich entdecken. Die meisten Gemüse passen gut zu einer ketogenen Ernährung. Es gibt jedoch auch Sorten wie etwa Mais, die mit Vorsicht zu genießen sind.

Spinat

Ein perfektes Gemüse für Ihre LCHF-Küche ist Spinat. Er hat weniger als 1 Gramm Kohlenhydrate pro 100 Gramm und ist zudem ein wirkliches Kraftpaket: Er steckt voller Vitamine und Mineralien, unter anderem Kalium. Außerdem ist er einfach in der Zubereitung und so gängig, dass Sie ihn in jedem Supermarkt finden. Kaufen Sie nur unverarbeiteten Blattspinat. Fertigprodukte enthalten oft Gewürze und Zusatzstoffe, die nicht zu Ihrer neuen Ernährung passen.

Mais

Mais schmeckt süßlich, und das ist ein deutliches Zeichen dafür, dass er viele Kohlenhydrate enthält. Mit 15 Gramm Kohlenhydraten pro 100 Gramm sollte er in den Gerichten der LCHF-Küche nur ausnahmsweise vorkommen. Schließlich könnten Sie statt 100 Gramm Mais über 700 Gramm Blumenkohl oder Brokkoli essen.

Salat

Es gibt viele Blattsalate, die sehr wenig Kohlenhydrate haben und daher als Basis für einen gemischten Salat perfekt sind. Es lohnt

INFO

GEMÜSE & CO IM ÜBERBLICK

Lebensmittel	Kohlenhydrate pro 100 Gramm
Spinat	1 Gramm
Pilze	1 Gramm
Blattsalate	1 Gramm
Brokkoli	2 Gramm
Wirsing	2 Gramm
Zucchini	2 Gramm
Blumenkohl	2 Gramm
Aubergine	3 Gramm
Weißkohl	4 Gramm

sich, verschiedene Sorten auszuprobieren und Kombinationen zu finden, die besonders gut schmecken. Probieren Sie doch einmal Eisbergsalat, der nicht ganz so viel Eigengeschmack mitbringt, gemischt mit Feldsalat und ein paar Blättern Pak Choi. Auch eine Avocado, die mit wenig Kohlenhydraten und einem hohen Fettgehalt eine ideale Nährstoffverteilung bietet, eignet sich hervorragend zur Verfeinerung eines Salates. Tomaten sind ein hübscher Farbtupfer im Salat und bringen eine leichte Süße mit, die zu vielen Dressings gut passt.

Obst

Obst schmeckt süß – und das aus gutem Grund: Es besteht zu einem großen Teil aus Fruchtzucker, den wir bei der Umstellung auf den Fettstoffwechsel nicht gut gebrauchen können. Daher sollten Sie Obst nur in Maßen essen und bei der Auswahl auf die Kohlenhydratmengen achten. Die Vitamine, die Obst beinhaltet, können Sie problemlos über Gemüse zu sich nehmen.
Die meisten Obstsorten haben zwischen 10 und 15 Gramm Kohlenhydrate pro 100 Gramm Frucht. Weintrauben liegen mit rund 15 Gramm Kohlenhydraten pro 100 Gramm im oberen Bereich des Feldes. Aber es gibt auch Obstsorten, die weniger Kohlenhydrate haben und daher besser in die LCHF-Ernährung zu integrieren sind. So kommen beispielsweise Johannisbeeren und Himbeeren nur auf 5 Gramm Kohlen-

hydrate pro 100 Gramm und auch Erdbeeren dürfen Sie mit 6 Gramm Kohlenhydrate
ab und zu essen.

Hülsenfrüchte

Die meisten Hülsenfrüchte sind relativ koh-
lenhydrathaltig und daher nur bedingt für
eine LCHF-Ernährung geeignet. Kicher-
erbsen und Linsen fallen ganz durchs Raster.
Grüne Bohnen, Zuckerschoten und Erdnüs-
se, die botanisch zu den Hülsenfrüchten gehören, sind in Maßen erlaubt.

HÜLSENFRÜCHTE IM ÜBERBLICK

Lebensmittel	Kohlenhydrate pro 100 Gramm
Grüne Bohnen	5 Gramm
Zuckerschoten	6 Gramm
Erdnüsse	8 Gramm
Kidneybohnen	18 Gramm
Linsen	41 Gramm
Kichererbsen	44 Gramm

Wegen des Fruchtzuckers sollte Obst keine Hauptrolle auf Ihrem Speiseplan spielen. Bei Beeren ist Naschen aber erlaubt: Sie haben im Vergleich zu anderen Obstsorten nur wenig Kohlenhydrate.

DER VIER-WOCHEN-PLAN

JETZT GEHT ES LOS. GENIESSEN SIE ZU HAUSE ODER UNTERWEGS GERICHTE, DIE ENERGIE FÜR DEN GANZEN TAG SPENDEN UND IHNEN AUCH LANGFRISTIG ZU MEHR WOHL-BEFINDEN VERHELFEN.

DAS LCHF-FRÜHSTÜCK

Die Vorbereitungen sind abgeschlossen und Ihre Reise beginnt. Als Frühstück ist in den kommenden vier Wochen ein weißer Smoothie für Sie ideal. Da Sie abnehmen wollen, sollte der fettreiche cremige Powerdrink nicht mehr als 300 bis 500 Kalorien haben. Die tägliche Gesamtkalorienzahl sollte für Frauen bei durchschnittlicher Belastung bei etwa 1500 Kalorien liegen. Männer dürfen rund 300 Kalorien mehr zu sich nehmen.

»Iss morgens wie ein Kaiser, mittags wie ein König und abends wie ein Bettelmann« – diese bekannte Lebensweisheit können Sie getrost wieder vergessen. Da die LCHF-Ernährung Sie konstant mit Energie versorgt, kommt es jetzt nicht mehr darauf an, einen morgens durch die Essenspause in der Nacht niedrigen Blutzuckerspiegel schnell wieder hochzutreiben, um fit in einen neuen Tag starten zu können.

Die richtige Auswahl

Wenn Sie mit LCHF abnehmen wollen, geht es darum, dass der Körper Fett als Hauptenergiequelle nutzt und mehr Kalorien verbraucht, als er bekommt. Wann Sie diese zu sich nehmen, spielt dabei keine Rolle. Ob Sie also morgens wenig Appetit haben oder einen Bärenhunger, ist egal. Wichtig ist nicht wann, sondern was Sie essen.

Müsli

Sind Sie Müslifan? Dann kommen Sie um eine Umstellung Ihrer Frühstücksgewohnheiten leider nicht herum. Haferflocken, Zucker, Milch und getrocknete Früchte sind Kohlenhydratbomben. Versuche, Müsli in einer kohlenhydratarmen Variante nachzuahmen, sind meist unbefriedigend und das Ergebnis hat wenig mit einem üblichen Müsli gemeinsam.

Klassisches Frühstück

Auch das klassische ausführliche Frühstück mit Brot, Brötchen, Croissants und Marmelade passt nicht in Ihre LCHF-Ernährung. Brot – auch Vollkornbrot –, Marmelade und Schokoaufstriche enthalten viel zu viele Kohlenhydrate.

ALTERNATIVE EIWEISSBROT

In vielen Supermärkten gibt es mittlerweile sogenanntes Eiweißbrot zu kaufen. Was im ersten Moment wie die perfekte Lösung erscheint, ist allerdings mit Vorsicht zu genießen. Das Brot schmeckt gut und ist auch stark kohlenhydratreduziert – die meisten Sorten haben 4 bis 6 Gramm Kohlenhydrate pro Scheibe. Das klingt zunächst wenig, aber bereits mit zwei Scheiben haben Sie 10 Prozent der für die LCHF-Ernährung täglich empfohlenen Kohlenhydrate aufgenommen. Zudem führen bei empfindlichen Menschen bereits mehr als 10 Gramm Kohlenhydrate in einer Mahlzeit zu einem Anstieg des Blutzuckerspiegels, was oftmals heftigen Heißhunger auslöst.

Auch beim Frühstück mit LCHF geht es außerdem darum, alte Gewohnheiten zu durchbrechen und neue Normalität werden zu lassen. Eiweißbrot ist in der Erinnerung jedoch eng verknüpft mit der alten Gewohnheit, Brot und Brötchen zu essen. Und allein diese gedankliche Verbindung löst bei vielen schon einen Drang nach Kohlenhydraten aus. Den Rest des Tages verbringen Sie dann möglicherweise damit, gegen diesen Heißhunger anzukämpfen. Das ist anstrengend und unbefriedigend.

Von deftig bis süß

Es ist deshalb einfacher, komplett neu an das Thema Frühstück heranzugehen. Einer der Gedankenansätze kann heißen: Wer braucht schon Brot als Unterlage? Wurst, Schinken und Käse gehören zu einem deftigen Frühstück dazu und schmecken auch ohne Brot. Schneiden Sie Salami und Käse in Stücke und essen Sie diese als Fingerfood zum Beispiel zusammen mit Cornichons, Salatgurke, Tomaten oder rohem Kohlrabi. Der Vorteil dieses Frühstücks: Es geht schnell, Sie können es mitnehmen und es ist abwechslungsreich. Außerdem müssen Sie auf gewohnte Geschmacksrichtungen nicht verzichten.

SANDWICH OHNE BROT

Statt Brot können Sie auch eine Scheibe Käse mit Wurst und Salat belegen und einrollen, so lässt sie sich gut transportieren und auch unterwegs essen. Oder Sie nehmen den Salat als Unterlage: Belegen Sie Eisbergsalat wie ein Sandwich mit Aufschnitt, Käse oder Fisch ▸ siehe Seite 104. Sogar auf einen Klecks Mayonnaise müssen Sie nicht verzichten. Da die Salatblätter recht dünn sind, wirkt sich zu viel Belag allerdings auf die Stabilität des Sandwiches aus und Sie müssen beim Essen etwas aufpassen.

RÜHREI MIT SPECK

Ideal in der Zusammensetzung der Nährstoffe im Sinne der LCHF-Ernährung ist auch ein Klassiker des Frühstückstisches: Rührei mit Speck. Rührei ist in vielen Varianten eine gute Alternative zum klassischen Brötchenfrühstück. Man kann es mit angebratenen Zucchini, Frühlingszwiebeln, Paprika oder Champignons zubereiten. Auch Käse und Kräuter passen gut dazu. Mit etwas untergerührter Sahne wird es noch luftiger, hat aber auch deutlich mehr Kalorien.

TIPP

HART GEKOCHTE EIER

Wenn es mal schnell gehen soll, bereiten Sie einfach am Abend ein paar hart gekochte Eier vor, die Sie morgens unkompliziert essen und auch gut mitnehmen können. Sie liefern viel Energie und sind fetthaltig genug, um lange satt zu machen.

FRÜHSTÜCKSEIER AUS DEM OFEN

Als deftiges LCHF-Frühstück können Sie auch Eier verrühren, zusammen mit Lauchzwiebeln und Speckwürfeln in backofenfeste Förmchen geben und ausbacken, bis das Ei gestockt ist. Mit ein wenig Parmesan, Kräutern und etwas Sahne können Sie das Rezept variieren. Diese Frühstückseier schmecken sowohl warm als auch kalt. Gekühlt halten sie sich etwa zwei Tage und sind auch ein guter Reiseproviant.

SÜSSES FRÜHSTÜCK

Wer auf keinen Fall auf ein süßes Frühstück verzichten möchte, muss etwas mehr Aufwand betreiben und selbst anfangen zu backen. Entweder Sie backen frisch am Morgen oder am Abend zuvor. Probieren Sie zum Frühstück doch einmal die süßen Muffins mit Schokoladensplittern und Beeren von Seite 47 aus.

Getränke

Kaffee und Tee dürfen Sie ohne Milch und Zucker unbegrenzt genießen. Und auch auf Kakao müssen Sie jetzt nicht verzichten. Handelsübliche Trinkschokoladen zum warm oder kalt Anrühren sind aber oft stark industriell verarbeitet und enthalten zusätzlichen Zucker. Wenn Sie zu reinem Kakaopulver greifen, sind die Kohlenhydratmengen hingegen moderat.

HEISSE SCHOKOLADE

Probieren Sie doch einmal folgendes Rezept für einen Becher heiße Schokolade: Erhitzen Sie 20 Milliliter Sahne mit 50 Milliliter Wasser und nehmen Sie das Ganze vom Herd, bevor es kocht. Rühren Sie dann mit dem Schneebesen 2 Teelöffel ungesüßtes Kakaopulver ein, bis keine Klümpchen mehr zu sehen sind. Gießen Sie mit 150 Milliliter Wasser auf und erwärmen Sie Ihre Schokolade auf Wunschtemperatur. Je nach Geschmack können Sie mit einem Zuckerersatz noch weiter süßen.

Wenn Sie kalten Kakao bevorzugen, sollten Sie trotzdem etwa 50 Milliliter Wasser erwärmen und das Kakaopulver darin auflösen, damit es nicht verklumpt. Dann einfach mit der Sahne und kaltem Wasser aufgießen und noch einmal kurz umrühren.

Im Sommer können Sie als erfrischendes Kaffeegetränk Kaffee mit Sahne und Mandelmilch mischen und das Ganze mit ein paar Eiswürfeln kalt genießen.

Ideal als schnelles Frühstück: weiße Smoothies

Wenn Sie ein schnelles, leckeres und nahrhaftes Frühstück möchten, das perfekt in die LCHF-Ernährung passt, bieten sich weiße Smoothies an. Sie sind voller gesunder Zutaten und erinnern geschmacklich an ein cremiges Dessert. Mit gesunden Fetten versorgen sie den Körper für Stunden mit Energie und sind damit ein idealer Auftakt für einen Tag voll Aktivität.

Gute Fette

Als Hauptfettquelle dienen in weißen Smoothies verschiedene Sorten Nussbutter, Rohmilchbutter, Kokosmus, Kokosfett und Sahne. Diese werden durch andere hochwertige Zutaten wie Mandelmilch, Kokosmilch und rohe Eier ergänzt. Aufgegossen wird mit kaltem Wasser.

Kokosfett und Kokosmus passen ideal in die LCHF-Ernährung ▸ siehe Seite 22. Kokosöl können Sie auch zum Braten oder für selbst gemachte Schokolade verwenden, es empfiehlt sich daher, immer gleich eine größere Portion zu kaufen.

Im Gegensatz zu Kokosöl/Kokosfett enthält Kokosmus (auch Kokosbutter genannt) nicht nur reines Fett, sondern auch kleine Teile des Fruchtfleisches, wodurch es eine cremige Konsistenz und einen intensiven Kokosgeschmack bekommt. Kokosfett hingegen ist ziemlich geschmacksneutral.

Weitere Zutaten für weiße Smoothies sind hochwertige Fette wie Macadamiaöl oder Rohmilchbutter. Beide zeichnen sich durch das ideale Verhältnis von Omega-3- zu Omega-6-Fettsäuren aus und sind eine gute Ergänzung zum Kokosfett.

Außerdem passen Avocados gut in die weißen Smoothies. In jeder einzelnen Frucht sind viel Energie und gesunde Fette gebündelt. Die Nährstoffe der Avocados stehen mit weniger als 1 Gramm Kohlenhydrate und 24 Gramm Fett pro 100 Gramm Fruchtfleisch für die LCHF-Ernährung in einem perfekten Verhältnis. Oftmals findet man im Supermarkt nur harte unreife Avocados. Man kann sie zu Hause einige Tage bei Zimmertemperatur liegen lassen, bis sie weicher sind und auf Druck leicht nachgeben. Avocados sollten unbedingt reif verarbeitet werden, damit die Smoothies eine cremige und beinahe butterige Konsistenz bekommen und die Früchte ihren vollen Eigengeschmack entfalten können.

TIPP

AVOCADO AUFBEWAHREN

Wenn Sie eine aufgeschnittene Avocado mit Zitronensaft beträufeln, wird sie nicht so schnell braun. Im Kühlschrank aufbewahren und innerhalb von zwei Tagen aufbrauchen!

Eier

Wenn Sie Eier roh verzehren, sollten diese möglichst frisch sein. Es gibt Menschen, die auf das Glykoprotein Avidin, das man im rohen Eiklar findet, empfindlich reagieren und Magenprobleme bekommen. Sollte dies bei Ihnen der Fall sein, können Sie die Eier auch aus den weißen Smoothies weglassen und die fehlenden Kalorien durch andere hochwertige Fette ausgleichen.

Verfeinern

Zum Aromatisieren von weißen Smoothies können Sie zu Ingwerscheiben, Minzblättern oder Zimt greifen. Vanilleschoten geben den Smoothies den Geschmack von einem cremigen Nachtisch, der so gut schmeckt, dass man kaum glauben kann, dass er keine Ernährungssünde ist. Experimentieren Sie – der Kreativität sind nahezu keine Grenzen gesetzt! Vollfettquark sollten Sie nur verwenden, wenn die Smoothies versehentlich zu flüssig geworden sind. Die relativ feste Konsistenz des Quarks verfälscht ansonsten das Trinkerlebnis. Für die Zubereitung empfiehlt es sich, einen guten Mixer zu nutzen, besonders wenn Sie ganze Nüsse in die Smoothies einarbeiten möchten, da sonst die Konsistenz zu stückig wird. Die folgenden Rezepte sind von Natur aus süß, können aber mit einem Süßstoff nach Wahl nachgesüßt werden. Flüssigsüßstoff bietet sich an, da er die Konsistenz der Smoothies kaum verändert.

Das Basisrezept

WEISSER SMOOTHIE
MIT ROHEI

1 Avocado (reif) | 60 g Kokosmus | 4 frische
Eier | 300 ml Wasser | Süßstoff nach Wahl

Für 2 Personen | 5 Min. Zubereitung
Pro Portion ca. 480 kcal, 16 g E, 44 g F, 4 g KH

1 Die Avocado halbieren und circa
100 g Fruchtfleisch aus der Schale lösen.
2 Das Kokosmus mit den Eiern und dem
Fruchtfleisch der Avocado in einen Mixer geben
und pürieren, bis eine gleichmäßig cremige
Masse entsteht.
3 Wasser hinzufügen und auf höchster Stufe
des Mixers gut durchpürieren, bis keine Stückchen mehr zu sehen sind.
4 Bei Bedarf mit Süßstoff abschmecken.

Wertvoll dank Superfood Chia

VANILLE-CHIA-SMOOTHIE

1 Avocado (reif) | 60 g Kokosmus | 60 g Chia-
samen | 300 ml Wasser | Mark von
2 Vanilleschoten | Süßstoff nach Wahl

Für 2 Personen | 5 Min. Zubereitung
Pro Portion ca. 460 kcal, 9 g E, 42 g F, 4 g KH

1 Die Avocado halbieren und circa
100 g Fruchtfleisch aus der Schale lösen.
2 Das Kokosmus mit den Chiasamen und dem
Avocadofruchtfleisch in einen Mixer geben und
kurz pürieren.
3 Das Wasser und das ausgekratzte Mark der
Vanilleschoten hinzufügen. Das Ganze auf der
höchsten Stufe des Mixers gut durchpürieren,
bis die Konsistenz cremig ist und auch die Chiasamen zerkleinert wurden.
4 Bei Bedarf mit Süßstoff abschmecken.

Nussig-cremiger Genuss

WEISSER MANDELBUTTER-SMOOTHIE

80 g Mandelbutter | 4 frische Eier | 400 ml ungesüßte Mandelmilch | Süßstoff nach Wahl

Für 2 Personen | 5 Min. Zubereitung
Pro Portion ca. 500 kcal, 24 g E, 40 g F, 11 g KH

1 Die Mandelbutter mit den Eiern im Mixer cremig schlagen.
2 Die Mandelmilch in den Mixer geben und den Smoothie auf höchster Stufe pürieren, bis er eine cremige Konsistenz hat.
3 Bei Bedarf mit Süßstoff abschmecken.

Turbostart in einen guten Tag

MACADAMIA-SAHNE-SMOOTHIE

40 g geröstete, ungesalzene Macadamianüsse | 80 ml Sahne | 4 frische Eier | 300 ml Wasser | Süßstoff nach Wahl

Für 2 Personen | 5 Min. Zubereitung
Pro Portion ca. 440 kcal, 16 g E, 40 g F, 3 g KH

1 Die Macadamianüsse in den Mixer geben und grob zerkleinern.
2 Sahne und Eier zu den Nüssen geben und alles schaumig schlagen.
3 Wasser hinzufügen und gut durchpürieren, bis die Konsistenz cremig ist.
4 Bei Bedarf mit Süßstoff abschmecken.

Zimt hemmt Lust auf Süßes

MANDEL-ZIMT-SMOOTHIE

60 g Mandelbutter | 2 frische Eier | 80 ml Sahne | 400 ml ungesüßte Mandelmilch | 2 Messerspitzen Zimt | Süßstoff nach Wahl

Für 2 Personen | 5 Min. Zubereitung
Pro Portion ca. 480 kcal, 16 g E, 41 g F, 11 g KH

1 Die Mandelbutter mit den Eiern und der Sahne schaumig schlagen.
2 Die Mandelmilch hinzufügen und die Mischung auf höchster Stufe im Mixer pürieren, bis der Smoothie cremig ist.
3 Mit Zimt und Süßstoff abschmecken.

TIPP

EISWÜRFEL ZUR ERFRISCHUNG

Wer die weißen Smoothies eiskalt genießen möchte, kann einen Teil des Wassers auch in Form von Eiswürfeln hinzufügen. Nehmen Sie aber nur zwei bis drei Eiswürfel, da die Smoothies wegen des hohen Fettgehalts sonst klumpig werden können.

Erfrischender Sommerdrink

SALATGURKE–MINZ–SMOOTHIE

100 g Salatgurke | 80 ml Sahne | 2 Handvoll Minzblätter | 300 ml ungesüßte Mandelmilch | 80 g Kokosmus | Süßstoff nach Wahl

Für 2 Personen | 5 Min. Zubereitung
Pro Portion ca. 485 kcal, 5 g E, 45 g F, 13 g KH

1 Die Salatgurke sorgfältig schälen und den inneren wässrigen Teil entfernen.

2 Die Gurke mit der Sahne und den Minzblättern im Mixer zerkleinern, bis eine cremige Mischung entsteht.

3 Mandelmilch und Kokosmus hinzufügen und alles auf höchster Stufe im Mixer pürieren, bis der Smoothie eine schaumige Konsistenz hat und keine Stückchen mehr zu sehen sind.

4 Bei Bedarf mit Süßstoff abschmecken.

MINZTEE STATT MINZBLÄTTER

Wenn Sie keine frische Minze zur Hand haben, können Sie einen Teil der Mandelmilch auch durch Minztee ersetzen. So müssen Sie nicht auf das köstlich erfrischende Minzaroma verzichten.

DIE ERSTEN 28 TAGE

Mit den folgenden Rezepten für jeweils 28 Mittag- und Abendessen steigen Sie nun richtig in die Ernährungsumstellung ein. Für den optimalen Erfolg ist es empfehlenswert, dass Sie sich in den ersten vier Wochen an diesen Plan halten, da er Schritt für Schritt in die LCHF-Ernährung einführt und dabei eine sanfte Umgewöhnung des Körpers ermöglicht. Je nachdem, wann Sie kochen wollen, können Sie die Gerichte für mittags und abends aber auch austauschen. Unser Vorschlag ist, dass Sie mittags kalt essen oder unterwegs etwas aufwärmen und abends frisch kochen. Die Rezepte sind einfach zuzubereiten und meistens für zwei Portionen berechnet. Die Kohlenhydratmengen inklusive Frühstück liegen bei etwa 20 Gramm pro Tag. So sind Sie mit jeder persönlichen Disposition auf der sicheren Seite und haben noch etwas Luft nach oben.

EINKAUFSLISTE – TAG 1 BIS 4

FLEISCH & FISCH:

300 g gemischtes Hackfleisch

400 g frisches Seelachsfilet

400 g Hähnchenbrustfilet

200 g (2 Dosen) Thunfischfilet in
Sonnenblumenöl

800 g Putenoberkeule mit Knochen

300 g Schinkenschnitzel

100 g gewürfelter Katenschinken
(alternativ Speckwürfel)

4 Scheiben Bacon

GEMÜSE & CO:

200 g Rosenkohl

3 kleine Zwiebeln

3 Knoblauchzehen

1 kleine Avocado

300 g Salatgurke

200 g rote Paprika

1 Zitrone

600 g Blattspinat

100 g Zucchini

300 g Blumenkohl

100 g Feldsalat

70 g Frühlingszwiebeln

300 g braune Champignons

100 g grüne Spitzpaprika

150 g Cornichons

MILCHPRODUKTE:

220 ml Sahne

100 g griechischer Joghurt

50 g Parmesan (gerieben)

1 Scheibe Gouda

100 g Gouda oder
Emmentaler (gerieben)

Butter

SONSTIGES:

Gemüsebrühe

100 ml Kokosmilch

Mittelscharfer Senf

Dijon Senf

Kräuteressig

Olivenöl

Schnittlauch (frisch)

Sojasauce

Gelbe Currypaste
(alternativ: Currypulver)

90 g Kokosfett

80 g Mandelmehl (nicht entölt)

Mayonnaise

7 Eier

Salz, Pfeffer

Tag 1

Wahrscheinlich werden Sie in der ersten Zeit Ihrer Ernährungsumstellung immer wieder den Drang verspüren, zu Kohlenhydraten zu greifen. Versuchen Sie zu widerstehen! Besonders in den ersten drei Tagen sollten Sie aber noch nicht zu genau auf jede Kalorie achten. Ihr Körper macht eine große Umstellung durch – seien Sie jetzt nicht zu streng mit ihm. Das Hauptziel der ersten drei Tage ist es, den Körper erst einmal an das Fehlen von Zucker und Kohlenhydraten zu gewöhnen.

Sie müssen nun auch lernen, zwischen »voll« und »satt« zu unterscheiden. Hören Sie auf zu essen, wenn Sie satt sind.

Das wird am Anfang nicht perfekt funktionieren, daher sollten Sie für die ersten drei Tage gesunde Snacks einplanen, die Sie zwischendurch naschen können. Ein paar Mandeln, eine halbe Paprika in Streifen geschnitten, eine Scheibe Salami oder ein Stückchen Käse bieten sich dafür an.

TIPP

CHECKLISTE FÜR TAG 1:
- Startgewicht aufgeschrieben?
- Fotos geknipst?
- Küche LCHF-sicher gemacht?
- Snacks griffbereit gelegt?

FRIKADELLEN UND GEMÜSE-STICKS MIT DIP

300 g gemischtes Hackfleisch | 30 g Mandelmehl | 1 Ei | 3 TL mittelscharfer Senf | 1 kleine Zwiebel (ca. 70 g) | Salz | Pfeffer | 1 kleine Avocado (ca. 80 g Fruchtfleisch) | 1 Knoblauchzehe | 1 Spritzer Zitronensaft | 1 EL Olivenöl | 100 g Salatgurke | 100 g rote Paprika

Für 2 Personen | 20 Min. Zubereitung
Pro Portion ca. 640 kcal, 42 g E, 49 g F, 8 g KH

1 Das Hackfleisch mit dem Mandelmehl, dem Ei, 1 TL Senf und der klein gewürfelten Zwiebel vermischen. Mit Salz und Pfeffer abschmecken.

2 Das Avocadofruchtfleisch aus der Schale lösen, in ein Schälchen geben und salzen. 2 TL Senf hinzugeben und die Knoblauchzehe dazupressen – alternativ die Knoblauchzehe sehr klein würfeln und zugeben. Das Ganze mit einer Gabel zerdrücken, bis es cremig ist, dann den Zitronensaft unterrühren.

3 Die Hackfleischmasse zu kleinen Frikadellen formen, die etwa 1 cm hoch sind.

4 Die Frikadellen in einer Pfanne mit heißem Olivenöl von beiden Seiten scharf anbraten.

5 In der Zwischenzeit die Salatgurke und die Paprika in Streifen schneiden und roh mit den Frikadellen und dem Avocadodip servieren.

SEELACHS MIT PARMESAN-PANADE UND SPINAT

1 Ei | Salz | 400 g frisches Seelachsfilet |
50 g Parmesan (gerieben) | 400 g Blattspinat |
1 kleine Zwiebel (ca. 70 g) | 1 Knoblauchzehe |
30 g Kokosfett | Pfeffer | 50 ml Sahne

Für 2 Personen | 25 Min. Zubereitung
Pro Portion ca. 540 kcal, 53 g E, 35 g F, 5 g KH

1 Das Ei mit einer Prise Salz schaumig schlagen. Das Seelachsfilet in zwei bis vier gleich große Stücke schneiden und zuerst im Ei, dann im
Parmesan wälzen.

2 Den Blattspinat waschen, putzen und gut abtropfen lassen.

3 Die Zwiebel würfeln und den Knoblauch in
Scheiben schneiden. Beides mit 10 g Kokosfett
in einer heißen Pfanne anbraten, bis die Zwiebeln glasig werden.

4 Spinat in die Pfanne geben und gut umrühren. Hitze etwas herunterdrehen. Spinat salzen
und pfeffern, noch etwas in der Pfanne garen
lassen und dabei immer wieder umrühren.

5 Die panierten Seelachsfiletstücke mit
20 g Kokosfett in einer heißen Pfanne von beiden Seiten anbraten, bis die Panade knusprig
und goldbraun ist.

6 Die Sahne zum Spinat geben, noch einmal
gut umrühren und abschmecken.

Tag 2

Sie haben den ersten Tag erfolgreich gemeistert – ein Grund, stolz zu sein! Auch heute sind noch Snacks erlaubt, Sie sollten jedoch verstärkt darauf achten, ob Sie aus Gewohnheit zu Zwischenmahlzeiten greifen, ob Sie tatsächlich Hunger haben oder ob die Snacks Sie vom Verlangen nach Kohlenhydraten ablenken sollen. Die Glykogenspeicher Ihres Körpers sind bereits leer und der Körper hat begonnen, sich auf den Fettstoffwechsel einzustellen.

Es ist nun wichtig, dass Sie genug trinken, zwei bis drei Liter am Tag sollten es sein. Wenn trotzdem leichte Kopfschmerzen oder Müdigkeit auftreten, können Sie eine Tasse Brühe zu sich nehmen ▸ siehe Seite 32.

Jetzt ist es auch Zeit, Kollegen und Freunden zu sagen, dass Sie in der nächsten Zeit auf Zucker und Kohlenhydrate verzichten – die meisten werden Sie dann nicht mehr mit Süßem in Versuchung führen.

TIPP

LCHF TO GO
Besorgen Sie sich Frischhaltedosen, die auch für die Mikrowelle geeignet sind. Ideal sind Dosen mit flexiblen Trennwänden. So können Sie Ihr Mittagessen bequem mitnehmen.

Zum Mittagessen
SPINAT-QUICHE

3 Eier | 120 ml Sahne | Salz | Pfeffer | 1 TL Butter | 200 g Blattspinat | 100 g Gouda oder Emmentaler (gerieben) | 100 g gewürfelter Katenschinken

Für 2 Personen | 60 Min. Zubereitung
Pro Portion ca. 650 kcal, 40 g E, 53 g F, 4 g KH

1 Backofen auf 180 Grad (Umluft) vorheizen.

2 Die Eier mit der Sahne sowie etwas Salz und Pfeffer schaumig schlagen – entweder mit einem Schneebesen oder einem Handrührgerät.

3 Eine kleine Auflaufform mit der weichen Butter einreiben, sodass die komplette Innenseite gut eingefettet ist.

4 Den Spinat waschen, etwas abtropfen lassen und eventuell klein schneiden. Dann in einer heißen Pfanne kurz schwenken, bis er leicht zusammenfällt.

5 Die Hälfte des geriebenen Käses auf dem Boden der Auflaufform verteilen, dann den Spinat daraufzlegen und die Schinkenwürfel auf dem Spinat verteilen.

6 Alles mit der Ei-Sahne-Mischung übergießen und zu guter Letzt mit dem Rest des geriebenen Käses bedecken.

7 Im Backofen auf der mittleren Schiene 45 Minuten lang backen – die Quiche kann warm oder kalt gegessen werden.

Zum Abendessen

HÄHNCHENCURRY MIT ZUCCHINI UND BLUMENKOHL

400 g Hähnchenbrustfilet | 1 kleine Zwiebel
(ca. 70 g) | 40 g Kokosfett | 300 g Blumenkohl |
100 ml Kokosmilch | 50 ml Sahne | 2 TL Gelbe
Currypaste (alternativ: Currypulver) | Salz |
100 g Zucchini | 1 EL Sojasauce

Für 2 Personen | 20 Min. Zubereitung
Pro Portion ca. 530 kcal, 51 g E, 32 g F, 10 g KH

1 Das Hähnchenbrustfilet in mundgerechte
Stücke schneiden.
2 Die Zwiebel würfeln und in 20 g Kokosfett anbraten, bis sie leicht glasig wird. Das Hähnchenfleisch hinzufügen und scharf anbraten.
3 Den Blumenkohl vom Grün befreien, die Röschen abtrennen und in einem Mixer zerkleinern,
bis die Stücke etwa Reiskorngröße haben.
4 Das angebratene Fleisch mit der Kokosmilch
und der Sahne ablöschen, die Currypaste einrühren und die Sauce mit Salz abschmecken.
5 Die Zucchini waschen, in etwa 2 mm dicke
Scheiben schneiden und diese halbieren.
6 Das Fleisch samt Sauce zum Kochen bringen
und die Zucchinistücke hinzufügen. Bei geschlossenem Deckel 10 Minuten köcheln lassen.
7 Nach 5 Minuten den Blumenkohl in einer
Pfanne mit dem restlichen Kokosfett 5 Minuten
unter großer Hitze anbraten, bis einzelne Stückchen leicht bräunlich werden. Die Sojasauce untermischen und servieren.

STATT BLUMENKOHL

Für den Gemüsereis können Sie statt Blumenkohl auch Weißkohl oder Romanesco
verwenden. Romanesco, eine feine grüne Variante des Blumenkohls, ist allerdings meist
nur im gut sortierten Gemüsehandel erhält-
lich. Bei vielen anderen Blumenkohlrezepten
unseres Vier-Wochen-Plans können Sie Blumenkohl auch durch Brokkoli ersetzen.

Tag 3

Heute sollte der letzte Tag sein, an dem Sie zwischendurch einen Snack essen. Ihr Körper muss sich nun daran gewöhnen, dass es nur drei Mahlzeiten am Tag gibt. Er hat inzwischen auf Fettverbrennung umgestellt und wird darin in den kommenden Wochen noch effektiver werden. Sie spüren bereits das lang anhaltende Sättigungsgefühl, das mit der LCHF-Ernährung einhergeht. Und mit dem dritten Tag kommt noch eine weitere Veränderung hinzu: Sie haben nun konstant Energie – und das über den ganzen Tag hinweg.

INFO

ZUCKERTRÄUME

Nachts kann es nun passieren, dass Sie Zuckerträume bekommen. Ähnlich wie beim Entzug von Nikotin träumen manche LCHF-Einsteiger in der ersten Woche davon, Unmengen von Süßigkeiten, Gebäck oder Nudeln zu verschlingen, und wachen dann erschrocken auf. Dies ist eine Methode des Körpers, die drastischen Veränderungen zu verarbeiten. Auch nach der ersten Woche können diese Träume immer mal wieder auftreten. Lassen Sie sich davon nicht aus der Ruhe bringen.

Zum Mittagessen

SALAT MIT JOGHURT-DRESSING UND THUNFISCH

100 g Feldsalat | 100 g rote Paprika | 100 g Salatgurke | 30 g Frühlingszwiebeln | 1 hart gekochtes Ei | 200 g (2 Dosen) Thunfischfilet in Sonnenblumenöl | 100 g griechischer Joghurt | ½ Bund Schnittlauch | Salz | Pfeffer | 4 TL Mayonnaise | 6 EL Kräuteressig

Für 2 Personen | 10 Min. Zubereitung
Pro Portion ca. 440 kcal, 29 g E, 32 g F, 8 g KH

1 Den Feldsalat gut waschen und abtropfen lassen – am einfachsten in einer Salatschleuder.
2 Die Paprika und die Salatgurke waschen und in mundgerechte Stücke schneiden. Die Frühlingszwiebeln in feine Ringe schneiden und gemeinsam mit dem Feldsalat, der Paprika und der Salatgurke in eine Schüssel geben.
3 Das Ei pellen und in Scheiben schneiden, ebenfalls in die Schüssel geben.
4 Den Thunfisch abtropfen lassen, zum Salat geben und alles gut durchmischen.
5 Den Schnittlauch klein schneiden. Für das Salatdressing den Joghurt in einer Tasse mit Schnittlauch, Salz, Pfeffer und Mayonnaise verrühren. Mit etwa 6 EL Kräuteressig auf die gewünschte Konsistenz verdünnen.
6 Dressing und Salat am besten erst kurz vor dem Servieren vermischen – so bleibt der Salat schön knackig.

Zum Abendessen

PUTENOBERKEULE MIT GANZEN CHAMPIGNONS

4 EL Olivenöl | 2 EL Dijon Senf | 1 Knoblauch-
zehe | 800 g Putenoberkeule mit Knochen |
Salz | Pfeffer | 300 g braune Champignons

Für 2 Personen | 70 Min. Zubereitung
Pro Portion ca. 495 kcal, 39 g E, 36 g F, 3 g KH

1 Den Backofen auf 220 Grad (Umluft)
vorheizen.

2 3 EL Olivenöl mit dem Senf verrühren. Die
Knoblauchzehe dazupressen und alles zu einer
dickflüssigen Paste verrühren.

3 1 EL Olivenöl in einer Pfanne erhitzen. Die
Putenoberkeule salzen und pfeffern und auf der
Hautseite 3 Minuten scharf anbraten.

4 Das Fleisch mit der Paste aus Knoblauch,
Senf und Öl einreiben und mit der Haut nach
oben in eine Kasserolle legen. Die Champignons
putzen und in der Kasserolle verteilen.

5 Die Kasserolle mit Alufolie abdecken und das
Gericht 35 bis 40 Minuten lang auf der mittleren
Schiene im Backofen garen.

6 Die Kasserolle aus dem Ofen holen, das
Fleisch mit dem entstandenen Saft übergießen
und für weitere 15 bis 20 Minuten bei 240 Grad
kross werden lassen.
(Achtung: Vor dem Servieren etwa 300 g Fleisch
abschneiden und für das Mittagessen des
nächsten Tags aufbewahren.)

Tag 4

Die Ernährungsumstellung wird nun langsam zur Routine. Das hat Vorteile – Ihr Fo-
kus kann wieder auf andere Lebensbereiche
gerichtet werden. Doch es birgt auch die Ge-
fahr, dass Sie nachlässig werden. Um die
Motivation zu erhalten, hilft es, sich mit
Freunden auszutauschen oder sich die eigenen Erfolge vor Augen zu führen. Was funktioniert schon gut? Was hat sich verbessert?
Welche positiven Veränderungen im Alltag
sind bereits spürbar?

Zum Mittagessen

KALTER GEFLÜGELSALAT

300 g Putenoberkeule ohne Knochen vom
Vortag | 100 g grüne Spitzpaprika | 100 g Sa-
latgurke | 100 g Cornichons | 40 g Frühlings-
zwiebeln | 4 TL Mayonnaise | Salz | Pfeffer

Für 2 Personen | 10 Min. Zubereitung
Pro Portion ca. 410 kcal, 31 g E, 28 g F, 6 g KH

1 Das Fleisch in mundgerechte Stücke schneiden. Die Haut ist am zweiten Tag nicht mehr
kross, sie kann je nach Geschmack aber trotzdem mitverarbeitet werden.

2 Die Spitzpaprika und die Salatgurke würfeln
und mit dem Fleisch in eine Schüssel geben.

3 Die Cornichons in Scheiben schneiden und
mit 3 EL des Gurkenwassers zum Fleisch geben.

4 Die Frühlingszwiebeln komplett vom Grün befreien. Den weißen Teil klein schneiden und zum Geflügelsalat hinzugeben.

5 Die Mayonnaise in den Geflügelsalat einrühren. Eventuell noch 1 bis 2 EL Gurkenwasser hinzufügen und mit Salz und Pfeffer abschmecken.

Zum Abendessen

CORDON BLEU MIT ROSEN- KOHL UND BACON

300 g Schinkenschnitzel | 200 g Rosenkohl | Salz | 2 TL Gemüsebrühe | 1 Ei | 50 g Mandelmehl | 4 Scheiben Bacon | 50 g Cornichons (mit Gurkenwasser) | 1 Scheibe Gouda | 20 g Kokosfett

Für 2 Personen | 30 Min. Zubereitung
Pro Portion ca. 555 kcal, 60 g E, 32 g F, 6 g KH

1 Die Schinkenschnitzel vorsichtig so einschneiden, dass eine Tasche zum Füllen entsteht.

2 Rosenkohl waschen und putzen. Salzwasser zum Kochen bringen und Gemüsebrühe einrühren. Den Rosenkohl darin 10 bis 15 Minuten lang bissfest garen.

3 Das Ei in einen tiefen Teller aufschlagen und salzen. Das Mandelmehl in einen weiteren tiefen Teller geben.

4 Die Schnitzel mit zwei Scheiben Bacon, klein geschnittenen Cornichons und Gouda füllen und mit einem Zahnstocher verschließen.

5 Das Fleisch nun erst im Ei und dann im Mandelmehl wenden.

6 Die Schnitzel in einer heiße Pfanne mit Kokosfett von beiden Seiten knusprig braun braten.

7 Den Rosenkohl abgießen, die beiden restlichen Baconscheiben klein schneiden und in einer heißen Pfanne knusprig anbraten. Den Rosenkohl mit in die Pfanne geben und im Baconfett schwenken.

FLEISCH & FISCH:

900 g Hähnchenbrustfilet
250 g Rinderhackfleisch
250 g geschälte Garnelen
250 g gemischtes Hackfleisch
26 Scheiben Bacon
140 g gewürfelter Katenschinken
(alternativ Speckwürfel)

GEMÜSE:

400 g braune Champignons
400 g Champignons
300 g Kohlrabi
250 g grüne Bohnen
200 g Brokkoli
200 g Blattspinat
200 g Salatgurke
50 g Frühlingszwiebeln
40 g eingelegte Peperoni
2 mittelgroße Avocados
3 kleine Zwiebeln
1 Zitrone
2 Knoblauchzehen
1 Limette

MILCHPRODUKTE:

200 g griechischer Joghurt
120 g Kräuterfrischkäse
100 g saure Sahne
30 g Parmesan (gerieben)
30 g Gouda (gerieben)
30 ml Sahne
30 g Butter

SONSTIGES:

6 Eier
110 g Kokosfett
200 ml Kokosmilch
50 g ungezuckerte Erdnussbutter
80 g Mandelmehl (nicht entölt)
220 ml ungesüßte Mandelmilch
Muskatnuss
Schnittlauch (frisch)
Dill (frisch)
Koriander (frisch)
Ingwer (frisch)
Kardamom
Koriander (getrocknet)
Gemüsebrühe
Sojasauce
Gelbe Currypaste
Olivenöl
Salz, Pfeffer

Tag 5

Egal wann Sie mit der Ernährungsumstellung begonnen haben, irgendwann kommt das erste Wochenende. Verabredungen zum Essen sollten Sie vorerst umgehen. Planen Sie lieber einen Spaziergang oder einen Kinobesuch, einen Nachmittag im Schwimmbad oder im Museum.

Whiskey statt Cocktail

Sollten Sie gerne Alkohol trinken, müssen Sie Ihre Gewohnheiten ein wenig umstellen: Die Zeit der süßen Cocktails ist vorbei. Ein Glas trockener Wein ist mit 3 bis 4 Gramm Kohlenhydrate pro Glas hingegen ab und zu erlaubt. Whiskey, Wodka, Obstbrände und ähnlich hochprozentige Spirituosen haben so gut wie keine Kohlenhydrate. Wenn Sie abnehmen wollen, müssen Sie allerdings auch die nicht geringe Kalorienmenge dieser Getränke berücksichtigen.

INFO

VORSICHT BEI ALKOHOL

Die LCHF-Ernährung setzt Ihre Alkoholtoleranz massiv herunter – das heißt, Sie werden schneller betrunken. Genießen Sie Alkohol deshalb in Maßen und trinken Sie zwischendurch immer wieder Wasser.

Zum Mittagessen

MINI-FRITTATAS

4 Scheiben Bacon | 20 g Kokosfett | 1 kleine Zwiebel | 4 Eier | Salz | Pfeffer | 30 g Parmesan (gerieben) | 120 ml ungesüßte Mandelmilch | 200 g Blattspinat | 40 g eingelegte Peperoni | 30 g Gouda (gerieben)

Für 2 Personen | 35 Min. Zubereitung
Pro Portion ca. 510 kcal, 31 g E, 40 g F, 7 g KH

1 Den Backofen auf 180 Grad (Umluft) vorheizen. Den Bacon im Kokosfett anbraten, bis er braun, aber noch nicht knusprig ist. Bacon aus der Pfanne nehmen und auf einen Teller legen.
2 DIe Zwiebel in kleine Würfel schneiden. In der Pfanne mit dem Kokosfett anbraten, bis die Würfel leicht glasig sind.
3 Die Eier mit Salz, Pfeffer, dem Parmesan und der Mandelmilch schaumig schlagen.
4 Den Spinat waschen, abtropfen lassen und eventuell klein schneiden. Die eingelegten Peperoni klein hacken. Beides in die Pfanne zu den Zwiebelwürfeln geben.
5 Sobald der Spinat zusammenfällt, die Ei-Mischung in die Pfanne gießen und 2 Minuten lang unter ständigem Rühren erwärmen.
6 Pfanne vom Herd nehmen und die Frittata-Mischung in Muffinförmchen geben. Die Förmchen nur bis etwa zur Hälfte füllen.
7 Die Baconstreifen in kleine Stücke brechen und ebenfalls in die Muffinförmchen geben.
8 Den Gouda darüber verteilen und die Frittatas 20 Minuten im Backofen gar ziehen lassen.

Zum Abendessen

HÄHNCHENBRUSTRÖLLCHEN MIT BACON

300 g Hähnchenbrustfilet | Salz | Pfeffer |
30 g Kräuterfrischkäse | 10 Scheiben Bacon
(ca. 100 g) | 2 EL Olivenöl | 400 g Champig-
nons | 1 kleine Zwiebel

Für 2 Personen | 45 Min. Zubereitung
Pro Portion ca. 450 kcal, 49 g E, 26 g F, 4 g KH

1 Den Backofen auf 200 Grad (Umluft) vorheizen. Das Hähnchenbrustfilet in zehn dünne
Scheiben schneiden, von beiden Seiten salzen
und pfeffern. Dann auf jeweils einer Seite dünn
mit Frischkäse bestreichen.

2 Die Scheiben aufrollen, mit je einer Bacon-
scheibe fest umwickeln und circa 1 Minute pro
Seite in Olivenöl anbraten.

3 Anschließend die Röllchen bei 200 Grad im
Backofen auf der mittleren Schiene 20 Minuten
lang gar ziehen lassen.

4 In der Zwischenzeit die Champignons in
Scheiben schneiden und mit der klein gehackten Zwiebel scharf im Olivenöl anbraten.

Tag 6

Sollten Sie regelmäßig Sport treiben, wun-
dern Sie sich nicht, wenn Ihre Leistungen
momentan nicht so gut sind, wie vor Beginn
der Ernährungsumstellung. Ihr Körper
braucht Zeit, um sich auf die Fettverbrennung einzustellen. Priorität für Ihren Körper
hat es nun, das Gehirn mit Energie zu versorgen und das Herz-Kreislauf-System auf-
rechtzuerhalten. Haben Sie Geduld – Ihre
alte Form werden Sie schon bald wieder erreichen oder sogar übertreffen.
Sie können mit LCHF aber auch konstant
und gut abnehmen, wenn Sie keinen Sport
betreiben. Die Weichen fürs Abnehmen
werden in der Küche gestellt. Zwar verbrennt unser Körper mehr Kalorien, wenn
wir uns bewegen, der Verbrauch ist jedoch
nicht so hoch, wie oft gedacht.

Zum Mittagessen

AVOCADO-BACON-STICKS

2 mittelgroße Avocados (ca. 300 g Frucht-
fleisch) | Salz | Pfeffer | 1 Spritzer Zitronensaft |
12 Scheiben Bacon | 20 g Kokosfett

Für 2 Personen | 15 Min. Zubereitung
Pro Portion ca. 545 kcal, 12 g E, 55 g F, 1 g KH

1 Avocados halbieren und die Kerne entfernen.

2 Das Fruchtfleisch mit einem großen Löffel am
Stück von der Schale lösen.

3 Jede Avocadohälfte in drei Spalten schneiden und mit Salz und Pfeffer würzen.

4 Die Spalten mit Zitronensaft beträufeln und jeweils mit einer Scheibe Bacon umwickeln.

5 Das Kokosfett in einer Pfanne erhitzen und die Avocadosticks darin braten, bis der Bacon die gewünschte Farbe hat und leicht kross ist.

Zum Abendessen

GEFLÜGELSCHNITZEL MIT KOHLRABI

300 g Hähnchenbrustfilet | Salz | Pfeffer | 1 Ei | 50 g Mandelmehl | 2 TL Gemüsebrühe | 300 g Kohlrabi | 30 g Butter | 30 g Kräuterfrischkäse | Muskatnuss | ½ Bund Schnittlauch

Für 2 Personen | 25 Min. Zubereitung
Pro Portion ca. 445 kcal, 53 g E, 22 g F, 8 g KH

1 Das Hähnchenbrustfilet in Schnitzel schneiden – sie sollten nicht zu dick sein. Alternativ: Hähnchenschnitzel bereits geschnitten kaufen.

2 Die Schnitzel salzen und pfeffern. Das Ei in einen tiefen Teller geben und etwas schaumig rühren. Das Mandelmehl in einen weiteren tiefen Teller geben.

3 Wasser zum Kochen bringen und Gemüsebrühe einrühren. Die Kohlrabi schälen und alle holzigen Teile entfernen.

4 Die Kohlrabi in fingerdicke Stifte schneiden und in die kochende Gemüsebrühe geben, etwa

10 Minuten lang kochen. Die Kohlrabi müssen noch bissfest sein.

5 Die Schnitzel zuerst im Ei, dann im Mandelmehl wenden.

6 20 g Butter in einer Pfanne erhitzen und die Schnitzel von beiden Seiten braten, bis sie goldbraun sind.

7 Die Kohlrabi mit einem Schöpflöffel aus der Gemüsebrühe heben. Die Brühe aufbewahren. Kohlrabi in einer heißen Pfanne mit der restlichen Butter kurz anbraten.

8 Kurz bevor die Schnitzel fertig sind, die Kohlrabi mit 6 EL Gemüsebrühe ablöschen und den Kräuterfrischkäse einrühren.

9 Die Sauce mit Salz, Pfeffer und Muskatnuss abschmecken. Klein gehackten Schnittlauch darüberstreuen.

Tag 7

Zum Mittagessen

KEBABS MIT GURKEN-
JOGHURT-CREME

250 g Rinderhackfleisch | 1 Ei | 30 g Mandel-
mehl | ½ TL Koriander | Salz | Pfeffer |
½ TL Kardamom | 200 g Salatgurke | ½ Bund
Dill | 200 g griechischer Joghurt | 1 Knoblauch-
zehe

Für 2 Personen | 40 Min. Zubereitung
Pro Portion ca. 480 kcal, 39 g E, 32 g F, 9 g KH

1 Das Rinderhackfleisch mit dem Ei, dem Mandelmehl, Koriander, Salz, Pfeffer und Kardamom
in einer Schüssel gut durchkneten, bis eine homogene Masse entsteht und die Gewürze sich
gut verteilt haben.

2 Den Backofen auf 180 Grad (Umluft) vorheizen. Das Hackfleisch in längliche Stangen formen und mit Backpapier auf ein Backblech legen, zwischen den einzelnen Stangen sollten
mindestens 3 cm Platz bleiben.

3 Die Kebabs 20 bis 30 Minuten lang auf der
mittleren Schiene garen. Sie sollten innen gar
und außen braun und kross sein.

4 Während die Kebabs im Backofen sind, die
Salatgurke schälen und in kleine Stifte schneiden. Den Dill klein hacken.

5 Joghurt, Dill, Salatgurke und die gepresste
Knoblauchzehe vermischen, mit Salz und Pfeffer
abschmecken.

WARM ODER KALT

Die Joghurtsauce wird kalt gegessen, die Kebabs können Sie warm oder kalt genießen.
Wenn Sie die Kebabs in der Mikrowelle aufwärmen wollen, transportieren Sie die Sauce
separat in einer anderen Schüssel.

HÄHNCHEN MIT FRISCH-KÄSE-CHAMPIGNON-SAUCE

300 g Hähnchenbrustfilet | 1 kleine Zwiebel (ca. 70 g) | 30 g Kokosfett | 100 g gewürfelter Katenschinken | 400 g braune Champignons | 100 ml ungesüßte Mandelmilch | 30 ml Sahne | 60 g Kräuterfrischkäse | Pfeffer | Salz | ½ Bund Schnittlauch

Für 2 Personen | 30 Min. Zubereitung
Pro Portion ca. 560 kcal, 56 g E, 34 g F, 7 g KH

1 Das Hähnchenbrustfilet in mundgerechte Stücke schneiden.

2 Die Zwiebel würfeln und mit 15 g Kokosfett anbraten, bis sie leicht glasig wird.

3 Das Fleisch und die Hälfte der Schinkenwürfel dazugeben und scharf anbraten, bis das Fleisch außen braun und leicht kross ist.

4 Die Champignons putzen und in dünne Scheiben schneiden.

5 Das Fleisch aus der Pfanne nehmen. Die Champignons mit den restlichen Schinkenwürfeln und dem restlichen Kokosfett anbraten.

6 Sobald die Champignons weich werden, das Fleisch zurück in die Pfanne geben und die Temperatur reduzieren.

7 Champignons und Fleisch mit Mandelmilch und Sahne ablöschen, den Frischkäse unterrühren. Kurz aufkochen lassen.

8 Mit Pfeffer und Salz abschmecken und mit klein geschnittenem Schnittlauch servieren.

Tag 8

Wenn Sie sich einmal pro Woche wiegen, ist heute wieder Wiegetag. Denken Sie daran, vor dem Frühstück auf die Waage zu steigen, um das Ergebnis mit Ihrem Startgewicht vergleichen zu können.

Viele, die nach den LCHF-Regeln abnehmen, erzielen in der ersten Woche sehr gute Ergebnisse durch das Leeren der Glykogenspeicher. Sollte das bei Ihnen nicht der Fall sein, lassen Sie sich nicht beunruhigen. Solange Sie sich an die Vorgaben halten, nehmen Sie ab, selbst wenn die Waage das bis jetzt noch nicht so deutlich widerspiegelt.

THAILÄNDISCHES ERDNUSS-GARNELEN-CURRY

30 g Kokosfett | 1 Knoblauchzehe | 50 g Frühlingszwiebeln | ca. 3 cm Ingwer | 2 EL gelbe Currypaste | 1 EL Sojasauce | 50 g ungezuckerte Erdnussbutter | 200 ml Kokosmilch | 100 ml Gemüsebrühe | 200 g Brokkoli | 250 g geschälte Garnelen | 2 EL Limettensaft | Salz | Pfeffer | 100 g saure Sahne | 2 Zweige Koriander

Für 2 Personen | 35 Min. Zubereitung
Pro Portion ca. 580 kcal, 39 g E, 40 g F, 13 g KH

1 Das Kokosfett erhitzen. Die gepresste Knoblauchzehe, die in feine Ringe geschnittenen Frühlingszwiebeln und 1 TL klein gehackten Ingwer darin anbraten.

2 Nach 1 Minute 1 EL Currypaste hinzugeben und gut umrühren.

3 Die Sojasauce und die Erdnussbutter hinzufügen und verrühren.

4 Mit der Kokosmilch und der Gemüsebrühe ablöschen, noch 1 EL Currypaste einrühren, und das Ganze auf kleiner Flamme einige Minuten köcheln lassen.

5 Den Brokkoli waschen und putzen. Die Röschen in die heiße Currysauce geben und alles aufkochen lassen.

6 Sobald das Curry etwas eingedickt ist, die Garnelen und den Limettensaft hinzufügen. 5 Minuten lang leicht köcheln lassen und mit Salz und Pfeffer abschmecken.

7 Die saure Sahne erst kurz vor dem Servieren einrühren, damit sie nicht ausflockt.

8 Den Koriander klein hacken und zum Schluss das Gericht damit garnieren.

TIPP

FÜR GÄSTE

Wenn Sie Besuch haben, der sich nicht nach den LCHF-Regeln ernährt, können Sie fast alle Gerichte unseres Vier-Wochen-Plans mit einer klassischen Beilage wie Reis, Kartoffeln oder Nudeln ergänzen. Sollten Sie diese Lebensmittel aus Ihrem Haushalt verbannt haben, reichen Sie doch einfach frisches Brot dazu.

HACKFLEISCHPFANNE MIT GRÜNEN BOHNEN UND SPECK

10 g Kokosfett | 250 g gemischtes Hack-
fleisch | Salz | Pfeffer | 40 g gewürfelter Katen-
schinken | 250 g grüne Bohnen | 1 EL Soja-
sauce

Für 2 Personen | 25 Min. Zubereitung
Pro Portion ca. 460 kcal, 33 g E, 33 g F, 7 g KH

1 Das Kokosfett in einer Pfanne erhitzen. Das
Hackfleisch salzen und pfeffern und ohne es zu
zerkleinern in der Pfanne anbraten. Nach etwa
4 Minuten wenden und auch die andere Seite
anbraten, sodass eine krosse Schicht auf beiden
Seiten entsteht.

2 Die Schinkenwürfel mit in die Pfanne geben
und das Hackfleisch jetzt grob zerkleinern.

3 Die grünen Bohnen waschen und putzen.

4 Das Hackfleisch aus der Pfanne nehmen und
die Bohnen in der gleichen Pfanne etwa 5 Minuten lang anbraten.

5 Mit der Sojasauce ablöschen, die Bohnen
salzen und pfeffern.

6 Das Hackfleisch wieder in die Pfanne geben
und bei mittlerer Hitze und geschlossenem Deckel zusammen mit den Bohnen noch etwa
10 Minuten lang weitergaren.

HACKFLEISCH KROSS BRATEN

Hackfleisch zieht schnell Wasser und wird
dann beim Braten nicht kross. Das können
Sie vermeiden, wenn Sie die ganze Portion
zuerst am Stück anbraten.

EINKAUFSLISTE – TAG 9 BIS 12

FLEISCH & FISCH:

1 kg Roastbeef
300 g Schweinenacken/-kamm
300 g Hähnchenbrustfilet
200 g gemischtes Hackfleisch
200 g Rinderhackfleisch
150 g gekochter Schinken
60 g Chorizo (oder Paprikasalami)
50 g Jamon Serrano
6 Scheiben Bacon

GEMÜSE & CO:

1 kg Blumenkohl
400 g Lauch
300 g Blattspinat (TK)
350 g Zucchini
200 g Aubergine
150 g gehackte Tomaten
150 g rote Spitzpaprika
100 g Champignons
100 g Salatgurke
50 g Radieschen
50 g Blattspinat
50 g Rucola
40 g eingelegte milde Peperoni
40 g Frühlingszwiebeln
7 Knoblauchzehen
1 kleine Avocado
1 kleine Chilischote

1 Limette
1 kleine Zwiebel

MILCHPRODUKTE:

170 g Mozzarella
160 g Gouda (gerieben)
130 g Parmesan (gerieben)
100 g griechischer Joghurt
100 g Camembert
40 g Doppelrahmfrischkäse
30 ml Sahne

SONSTIGES:

Olivenöl
30 g Kokosfett
5 Eier
Kräuteressig
Dijon Senf, Tomatenmark
40 g Mandelmehl (nicht entölt)
Sojasauce
Mandelblättchen
Sherry
Schnittlauch (frisch)
Petersilie (frisch)
Koriander (frisch)
Oregano (frisch oder getrocknet)
Basilikum (frisch oder getrocknet)
Thymian (frisch oder getrocknet)
Pfeffer, Salz, Muskatnuss

Tag 9

Zum Mittagessen

BUNTER SALAT MIT SCHINKEN UND SENFDRESSING

2 Eier | 50 g Blattspinat | 100 g Salatgurke | 50 g Rucola | 50 g Radieschen | 100 g rote Spitzpaprika | 100 g griechischer Joghurt | 3 EL Kräuteressig | Salz | Pfeffer | 1 EL Dijon Senf | 150 g gekochter Schinken | 1 EL Olivenöl | 120 g Mozzarella

Für 2 Personen | 35 Min. Zubereitung
Pro Portion ca. 470 kcal, 39 g E, 31 g F, 8 g KH

1 Die Eier 10 Minuten kochen, dann in kaltem Wasser abkühlen lassen. Den Spinat waschen und putzen, dabei dicke Stiele entfernen, sodass nur zarte Stiele und Blätter übrig bleiben.

2 Salatgurke, Rucola, Radieschen und Paprika waschen. Radieschen putzen und in dünne Scheibchen schneiden. Auch die Salatgurke in Scheiben schneiden und mit dem Rucola, den Radieschenscheiben und dem Spinat in einer Schüssel gut vermengen.

3 Für das Dressing den Joghurt mit Kräuteressig, Salz, Pfeffer und Senf verrühren.

4 Die Paprika entkernen und in schmale Streifen schneiden.

5 Den gekochten Schinken in kleine Quadrate schneiden und in einer Pfanne mit Olivenöl etwa 2 Minuten lang anbraten.

6 Die Paprika zum Schinken in die Pfanne geben und anbraten, bis die Haut der Paprika an einigen Stellen dunkel wird.

7 Den krossen Schinken und die gebratene Paprika unter den Salat mischen und den Mozzarella in den Salat zupfen.

8 Die Eier schälen, in Scheiben schneiden und auf den Salat geben.

9 Das Dressing über den Salat gießen und sofort servieren.

GRIECHISCHER JOGHURT

Für die LCHF-Küche ist griechischer Joghurt ideal. Er hat wenig Kohlenhydrate und gleichzeitig einen sehr hohen Fettgehalt.

Zum Abendessen

ROASTBEEF MIT BLUMEN-KOHLPÜREE

4 Knoblauchzehen | 2 EL Dijon Senf | 4 EL Olivenöl | 1 kg Roastbeef | 1 kg Blumenkohl | Salz | 100 g Parmesan (gerieben) | 30 ml Sahne | Pfeffer | Muskatnuss | ½ Bund Schnittlauch

Für 5 Personen | 45 Min. Zubereitung | plus Zeit zum Abkühlen des Fleisches
Pro Portion ca. 470 kcal, 56 g E, 25g F, 5 g KH

1 Den Backofen auf 220 Grad (Umluft) vorheizen. Die gepressten Knoblauchzehen mit Senf und 4 EL Olivenöl mischen.

2 Das Roastbeef von unerwünschtem Fett befreien und mit der Senf-Knoblauch-Paste großzügig einreiben. Ein wenig Paste übrig lassen. Das Fleisch auf ein tiefes Backblech legen.

3 Das Fleisch 10 Minuten lang bei 220 Grad auf der mittleren Schiene im Backofen garen, dann wenden und mit dem Rest der Paste bestreichen. Nach weiteren 10 Minuten aus dem Ofen holen und abkühlen lassen.

4 Blumenkohl vom Grün befreien und den ganzen Kopf 10 Minuten in Salzwasser kochen.

5 Salzwasser abgießen und den Blumenkohl im Topf pürieren, den Parmesan und die Sahne hinzufügen. Mit Salz, Pfeffer, Muskatnuss und klein geschnittenem Schnittlauch abschmecken.

6 Sobald das Roastbeef ausgekühlt ist, in circa 3 mm dicke Scheiben schneiden und zusammen mit dem Püree servieren. Dazu schmeckt eine Remouladensauce.

DIE RICHTIGE FLEISCHMENGE

Das Roastbeef können Sie auch einen Tag vorher zubereiten, da es kalt gegessen wird. Wenn Sie weniger Fleisch brauchen, können Sie einen Teil einfrieren. Bei Bedarf dann noch halb gefroren in Scheiben schneiden, so werden die Scheiben besonders dünn. Eine kleinere Menge Fleisch sollten Sie nicht zubereiten, weil das Roastbeef sonst im Ofen zu schnell austrocknet.

Tag 10

Zum Mittagessen

SPINATWRAPS MIT BACON UND KÄSE-FÜLLUNG

300 g Blattspinat (TK) | 3 Eier | 1 EL Tomaten-
mark | Salz | Pfeffer | Muskatnuss | 2 EL Oli-
venöl | 6 Scheiben Bacon | 100 g Camembert

Für 2 Personen | 25 Min. Zubereitung
Pro Portion ca. 500 kcal, 30 g E, 42 g F, 2 g KH

1 Den Spinat auftauen lassen und mit den Eiern in einem Mixer gut vermischen. Alternativ
funktioniert auch ein Stabmixer.

2 Das Tomatenmark untermischen.

3 Die Spinat-Ei-Masse mit Salz, Pfeffer und
Muskatnuss würzen und schaumig schlagen. Je
besser der Teig durchgemixt ist, desto fester
wird die Konsistenz der Wraps.

4 Etwas Olivenöl in eine Pfanne geben und erhitzen. Den flüssigen Teig mit einer Schöpfkelle
dünn in der Pfanne verteilen.

5 Nach etwa 3 Minuten den Wrap vorsichtig
wenden. Dabei hilft es, 1 EL Olivenöl so am
Pfannenrand zu verteilen, dass das Öl unter den
Wrap läuft.

6 Wrap weitere 2 Minuten in der Pfanne backen. Das Öl sollte nicht zu heiß werden, mittlere Hitze ist am besten geeignet. Die Teigmenge
ergibt etwa sechs Wraps.

7 Die Wraps etwas auskühlen lassen.

8 In der Zwischenzeit den Bacon in einer Pfanne ohne Öl knusprig braten und den Camembert
in sechs Scheiben schneiden.

9 Die Wraps mit je einer Scheibe Camembert
und einer Scheibe Bacon belegen und aufrollen.

VARIANTEN

Die Füllung der Wraps können Sie gut variieren: Probieren Sie es zum Beispiel mit
Salat samt Dressing, Avocado, hart gekochten Eiern oder Fisch. In jedem Fall sollten
Sie beim Backen der Wraps nicht zu viel
Olivenöl nehmen. Sobald der Spinat-Ei-Teig
gar wird und ein Teil der enthaltenen Flüssigkeit verdampft ist, klebt er nicht mehr
am Pfannenboden und kann leicht ge-
wendet werden.

Zum Abendessen

ZUCCHINILASAGNE

250 g Zucchini | Salz | 1 kleine Zwiebel |
1 Knoblauchzehe | 1 EL Olivenöl | 200 g ge-
mischtes Hackfleisch | Pfeffer | 150 g gehackte
Tomaten | 1 TL Basilikum | 1 TL Oregano |
60 g Gouda (gerieben)

Für 2 Personen | 45 Min. Zubereitung
Pro Portion ca. 435 kcal, 32 g E, 31 g F, 7 g KH

1 Die Zucchini waschen, abtrocknen und den
Strunk und das vordere Ende entfernen. Mit einem langen, dünnen Messer längs in etwa
2 mm dünne Scheiben schneiden.

2 Den Backofen auf 200 Grad (Umluft) vorheizen. Küchenpapier in zwei Lagen ausbreiten und die Zucchinischeiben darauflegen. Beide Seiten der Zucchini gut salzen.

3 Die Zwiebel in kleine Würfelchen schneiden, die Knoblauchzehe in dünne Scheibchen. Beides zusammen in einer Pfanne mit dem Olivenöl anbraten.

4 Das Hackfleisch salzen und pfeffern, die Zwiebeln und den Knoblauch an den Rand der Pfanne schieben und das Hackfleisch in der Pfannenmitte am Stück von beiden Seiten scharf anbraten, bis eine Kruste entsteht. Zwiebeln und Knoblauch dabei immer wieder umrühren.

5 Das Hackfleisch gleichmäßig zerkleinern und mit den Zwiebelwürfeln und dem Knoblauch in der Pfanne vermischen.

6 Dann mit den gehackten Tomaten ablöschen und mit Basilikum und Oregano würzen. Mit Salz abschmecken.

7 Die Zucchiniplatten haben durch das Salzen Wasser verloren, deshalb mit einem Küchenpapier vorsichtig trocken tupfen.

8 Den Boden einer Auflaufform mit Tomaten-Hackfleisch-Sauce bedecken und darauf eine Lage Zucchiniplatten schichten, dann wieder Sauce und so weiter ... Die letzte Schicht sollte Sauce sein.

9 Mit dem Gouda bestreuen und die Lasagne im Backofen auf der mittleren Schiene etwa 25 Minuten lang gar ziehen lassen. Der Käse sollte geschmolzen und goldbraun sein. Je nach Backofen können Sie dazu in den letzten 5 Minuten den Grill einschalten.

Tag 11

DREIERLEI TAPAS

100 g Champignons | 1 Knoblauchzehe |
1 EL Olivenöl | 20 g Mandelblättchen |
60 g Chorizo (alternativ: Paprikasalami) |
1 EL Sherry | 40 g eingelegte milde Peperoni |
40 g Doppelrahmfrischkäse | 100 g Zucchini |
Salz | Pfeffer | 50 g Jamon Serrano | 50 g Gouda (gerieben) | 3 Stängel Petersilie

Für 2 Personen | 35 Min. Zubereitung
Pro Portion ca. 440 kcal, 36 g E, 34 g F, 6 g KH

1 Die Champignons in Scheiben schneiden und mit der klein gehackten Knoblauchzehe im Olivenöl anbraten, bis beides leicht bräunlich wird. Die Mandelblättchen mit in die Pfanne geben und rösten.

2 Die Chorizo in dünne Scheiben schneiden und hinzufügen. Den Pfanneninhalt mit dem Sherry ablöschen und dann vom Herd nehmen.

3 Die Peperoni am Stielansatz quer aufschneiden und vorsichtig entkernen. Den Frischkäse in einen Spritzbeutel füllen und in die Peperoni drücken. Alternativ: Einen kleinen Löffel nehmen und den Frischkäse mit dem Löffelstiel in die Peperoni füllen. Dann die Peperoni kalt stellen.

4 Den Backofen auf 180 Grad (Umluft) vorheizen. Die Zucchini waschen und vom Strunk befreien. In dünne lange Scheiben schneiden, die etwa 2 mm dick sein sollten.

5 Die Zucchinischeiben salzen und pfeffern und mit dem Jamon Serrano belegen. Beides zusammen aufrollen und mit einem Zahnstocher feststecken.

6 Die Zucchiniröllchen senkrecht in eine Auflaufform geben, sodass sie nah beieinanderstehen, und mit dem Gouda bestreuen. Etwa 15 Minuten lang im Backofen garen.

7 Petersilie hacken und kurz vor dem Servieren über die Champignons mit Chorizo streuen.

VARIANTEN

Wer gerne pikant isst, kann einige klein gehackte Chilis zu den Champignons geben und mitbraten. Alle Tapas schmecken kalt wunderbar. Die Zucchiniröllchen und die Champignons mit Chorizo können Sie aber auch warm servieren.

Zum Abendessen

SCHWEINENACKEN MIT LAUCH

300 g Schweinenacken/-kamm | 30 g Kokosfett | 1 kleine Chilischote | 400 g Lauch | Salz | Pfeffer | 1 EL Sojasauce

Für 2 Personen | 30 Min. Zubereitung
Pro Portion ca. 475 kcal, 30 g E, 36 g F, 8 g KH

1 Den Schweinenacken in etwa 2 cm lange und fingerdicke Stücke schneiden.

2 Das Kokosfett in einer Pfanne erhitzen und das Schweinefleisch anbraten. Sollte es zwischendurch Wasser ziehen, einfach weiterbraten, nach und nach verdampft das Wasser.

3 Wenn das Fleisch gar ist, die Pfanne von der Platte nehmen und etwas abkühlen lassen. Die Chilischote klein hacken und dazugeben.

4 Den Lauch putzen, dabei den dunkelgrünen Teil abschneiden und eventuell trockene äußere Schichten entfernen. Dann längs bis etwa 4 cm über der Wurzel einschneiden. Unter kaltem Wasser am Stück vorsichtig abspülen und gut abtropfen lassen.

5 Den Lauch klein schneiden, sodass halbe Ringe entstehen.

6 Den Schweinenacken wieder erhitzen und scharf bei voller Hitze anbraten. Mit Salz und Pfeffer abschmecken.

7 Sobald das Fleisch kross ist, den klein geschnittenen Lauch dazugeben und braten, bis er leicht zerfällt.

8 Mit der Sojasauce ablöschen und sofort vom Herd nehmen, damit der Lauch nicht zerkocht – er sollte noch bissfest sein.

DOPPELT GEBRATEN

Schweinenacken ist gut mit Fett durchwachsen. Beim Vorbereiten des Fleisches sollten Sie das Fett auf keinen Fall entfernen. Das Fett verleiht dem doppelt gebratenen Schweinefleisch seinen ganz besonderen Geschmack.

Tag 12

Zum Mittagessen

CHILI-LIMETTEN-FLEISCH-BÄLLCHEN

40 g Frühlingszwiebeln | 50 g rote Spitzpaprika | 200 g Rinderhackfleisch | 50 g Gouda (gerieben) | 2 Zweige Koriander | Salz | Pfeffer | 1 Limette | 40 g Mandelmehl | 1 kleine Avocado (ca. 100 g Fruchtfleisch) | 1 Knoblauchzehe

Für 2 Personen | 35 Min. Zubereitung
Pro Portion ca. 605 kcal, 38 g E, 46 g F, 5 g KH

1 Den Backofen auf 180 Grad (Umluft) vorheizen.

2 Die Frühlingszwiebeln und die Paprika waschen. Die Paprika sehr fein würfeln, die Stücke sollten etwa 5 mm groß sein. Die Frühlingszwiebeln in dünne Ringe schneiden.

3 Das Hackfleisch in eine Schüssel geben und das Gemüse sowie den Gouda hinzufügen.

4 Den Koriander klein hacken und zum Hackfleisch und dem Gemüse geben. Dann alles salzen und pfeffern.

5 Die Limette halbieren und eine Hälfte über dem Hackfleisch ausdrücken. Mit einem Löffel das Fruchtfleisch dieser Hälfte auskratzen und ebenfalls hinzufügen.

6 Das Mandelmehl dazugeben und die Mischung gut durchkneten, bis alle Zutaten vermengt sind.

7 Aus dem Fleischteig kleine Kugeln formen, die möglichst alle gleich groß sind.

8 Ein Backblech mit Backpapier belegen und die Fleischbällchen darauf verteilen. Im Ofen etwa 15 Minuten lang backen.

9 In der Zwischenzeit das Fruchtfleisch der Avocado mit dem Saft der anderen Limettenhälfte, der gepressten Knoblauchzehe, Salz und Pfeffer verrühren.

10 Die fertigen Fleischbällchen auf je einen Zahnstocher aufspießen, sodass man sie bequem in den Avocadodip tauchen kann.

VARIANTEN

Den Geschmack der Fleischbällchen können Sie variieren, indem Sie zum Beispiel etwas Currypaste hinzufügen oder den Teig mit Kreuzkümmel würzen.

ÜBERBACKENE AUBERGINEN MIT HÄHNCHENBRUST

300 g Hähnchenbrustfilet | 3 EL Olivenöl |
1 TL Thymian | 1 TL Oregano | 200 g Aubergine |
Salz | 1 EL Tomatenmark | 1 EL Kräuteressig |
50 g Mozzarella | 30 g Parmesan (gerieben)

Für 2 Personen | 35 Min. Zubereitung
Pro Portion ca. 440 kcal, 46 g E, 26 g F, 4 KH

1 Den Backofen auf 200 Grad (Umluft) vorheizen. Das Hähnchenbrustfilet in mundgerechte Stücke schneiden.

2 In einer Schüssel 2 EL Olivenöl, Thymian und Oregano verrühren und das klein geschnittene Fleisch in der Marinade wälzen.

3 Die Aubergine waschen und in etwa 1 cm dicke Scheiben schneiden. Die Scheiben von beiden Seiten gut salzen.

4 Das Tomatenmark, 1 EL Olivenöl und den Kräuteressig verrühren. Die Auberginenscheiben darin wenden und gleichmäßig in einer Auflaufform auslegen.

5 Den klein gezupften Mozzarella auf den Auberginenscheiben verteilen und den Parmesan darüberstreuen.

6 Die Auberginenscheiben 20 Minuten im Backofen garen. Der Käse sollte erst schmelzen und dann goldbraun werden.

7 Das Fleisch aus der Marinade heben und in einer Pfanne etwa 8 Minuten lang scharf anbraten, bis es außen kross ist. Den Rest der Öl-Kräuter-Marinade in die Pfanne geben und das Ganze noch 2 Minuten köcheln lassen.

FLEISCH & FISCH:

400 g Hähnchenschenkel mit Rückenstück

300 g Schweinefilet

300 g gekochte und geschälte Shrimps

300 g geräucherter Lachs

250 g grobe Bratwurst

400 g gemischtes Hackfleisch

200 g gekochter Schinken

140 g gewürfelter Katenschinken (alternativ Speckwürfel)

GEMÜSE & CO:

600 g Zucchini

300 g Kohlrabi

300 g Weißkohl

300 g Auberginen

300 g Brokkoli (TK)

200 g Salatgurke

250 g gehackte Tomaten

2 mittelgroße Avocados

5 kleine Zwiebeln

1 kleine rote Zwiebel

3 Knoblauchzehen

1 Zitrone

MILCHPRODUKTE:

100 g saure Sahne

80 g Butter

80 g Parmesan (gerieben)

50 g Gouda (gerieben)

160 ml Sahne

100 g Crème fraîche

SONSTIGES:

2 Eier

10 g Kokosfett

30 ml Rotweinessig

30 g ungezuckerte Erdnussbutter

40 g Backkakao

100 ml ungesüßte Mandelmilch

Flüssigsüßstoff

Dijon Senf

Schnittlauch (frisch)

Petersilie (frisch)

Basilikum (frisch oder getrocknet)

Oregano (frisch oder getrocknet)

Gemüsebrühe

Olivenöl

Kümmel gemahlen

Paprikapulver (rosenscharf)

Salz, Pfeffer (grob und fein), Muskatnuss

Tag 13

Zum Mittagessen

KOHLRABI-HACKFLEISCH-PFANNE

300 g Kohlrabi | Salz | Gemüsebrühe | 1 kleine Zwiebel | 1 EL Olivenöl | 40 g gewürfelter Katenschinken | 200 g gemischtes Hackfleisch | Pfeffer | ½ Bund Schnittlauch | 3 Stängel Petersilie | 100 g saure Sahne | Muskatnuss

Für 2 Personen | 25 Min. Zubereitung
Pro Portion ca. 485 kcal, 28g E, 38 g F, 7g KH

1 Die Kohlrabi sorgfältig schälen und alle holzigen Stücke entfernen.

2 Salzwasser zum Kochen bringen und Gemüsebrühe einrühren. Die Kohlrabi in mundgerechte Stücke schneiden und in die sprudelnd kochende Brühe geben.

3 Die Zwiebel schälen und würfeln. In einer großen Pfanne mit dem Olivenöl und den Schinkenwürfeln anbraten.

4 Das Hackfleisch am Stück salzen und pfeffern, zu den Zwiebeln in die Pfanne geben und von beiden Seiten scharf anbraten, sodass sich eine krosse Schicht bildet.

5 Nach etwa 7 Minuten die noch bissfesten Kohlrabi abgießen, dabei etwas von der Brühe zurückbehalten.

6 Das Hackfleisch in der Pfanne zerkleinern und weiterbraten. Sobald es durchgebraten ist,

mit 3 EL der Gemüsebrühe ablöschen und die Kohlrabi zum Fleisch in die Pfanne geben.

7 Schnittlauch und Petersilie klein schneiden.

8 Die saure Sahne zum Fleisch und den Kohlrabi geben und die nun entstandene Sauce mit Salz, Pfeffer und Muskatnuss abschmecken.

9 Petersilie hinzufügen, gut umrühren und 5 Minuten bei niedriger Temperatur und geschlossenem Deckel köcheln lassen. Mit Schnittlauch bestreut servieren.

VARIANTE

Die saure Sahne können Sie auch durch Crème fraîche ersetzen, dadurch wird die Sauce cremiger, allerdings ist auch die Kalorienzahl deutlich höher.

SCHWEINEFILET MIT RÖST-ZWIEBELN UND ZUCCHINI

200 g Zucchini | Salz | 2 kleine Zwiebeln | 40 g Butter | 3 EL Olivenöl | 300 g Schweine-filet | Salz | Pfeffer

Für 2 Personen | 30 Min. Zubereitung
Pro Portion ca. 480 kcal, 35 g E, 35 g F, 6 g KH

1 Die Zucchini waschen und in sehr dünne Scheiben schneiden. In eine Schüssel geben und stark salzen, dann gut umrühren und zur Seite stellen.

2 Die Zwiebeln schälen und in feine Ringe schneiden.

3 Die Butter in einer Pfanne erhitzen, die Zwiebelringe hineingeben und bei voller Hitze in der Butter anbraten.

4 Während die Zwiebeln braten, das Olivenöl in eine weitere Pfanne geben und die Zucchini darin anbraten.

5 Das Schweinefilet von Fett und Sehnen befreien und in 1,5 cm dicke Medaillons schneiden, von beiden Seiten salzen und pfeffern.

6 Die knusprigen Zwiebelringe auf einen Teller legen. Die Schweinemedaillons in die heiße Pfanne geben und von beiden Seiten jeweils 2 bis 3 Minuten scharf anbraten.

7 Sobald die Schweinemedaillons durch sind – sie sollten saftig, aber nicht mehr roh sein –, die gerösteten Zwiebelringe über die Medaillons verteilen und mit den Zucchini servieren.

Tag 14

BRATWURST MIT WEISSKOHLREIS

300 g Weißkohl | Salz | 1 Prise Kümmel (gemahlen) | Pfeffer | 250 g grobe Bratwurst | 10 g Kokosfett | 20 g Butter | 50 g gewürfelter Katenschinken | 1 kleine Zwiebel

Für 2 Personen | 20 Min. Zubereitung
Pro Portion ca. 595 kcal, 20 g E, 53 g F, 8 g KH

1 Den Weißkohl grob zerteilen und in einem Mixer auf höchster Stufe zerkleinern, bis er etwa Reiskorngröße hat – nicht pürieren!

2 Den Weißkohlreis kräftig salzen, gut umrühren und dann den Kümmel hinzufügen. Mit Pfeffer abschmecken.

3 Die Bratwürste im Kokosfett anbraten, immer wieder wenden, damit sie rundherum bräunen.

4 Den Weißkohlreis in ein sauberes Küchentuch geben und gut ausdrücken – je mehr Wasser herausgepresst wird, desto besser.

5 Die Butter in einer Pfanne erhitzen und die Schinkenwürfel darin anbraten, die Zwiebel würfeln und hinzufügen.

6 Sobald die Zwiebel glasig wird, den ausgedrückten Weißkohl dazugeben und scharf anbraten, bis einige Stückchen braun werden. Immer wieder wenden. Mit den Bratwürsten servieren.

Zum Abendessen

ZUCCHININUDELN ALLA CARBONARA

400 g Zucchini | Salz | 1 Knoblauchzehe |
200 gekochter Schinken | 1 EL Olivenöl |
100 ml ungesüßte Mandelmilch | 2 Eier |
grober Pfeffer | 80 g Parmesan (gerieben) |
30 ml Sahne

Für 2 Personen | 30 Min. Zubereitung
Pro Portion ca. 510 kcal, 48 g E, 32 g F, 8 g KH

1 Die Zucchini waschen und mit einem Sparschäler in bandnudelähnliche Streifen schneiden. Dabei rundherum schälen, um an möglichst
vielen Nudeln ein Stück der grünen Schale zu haben, die die nötige Stabilität verleiht. Der innere
Teil der Zucchini kann entfernt werden, wenn er
sich nicht mehr gut in Streifen schälen lässt.

2 Die Zucchininudeln in eine Schüssel geben
und stark salzen, dann mindestens 10 Minuten
lang ziehen lassen.

3 Die Knoblauchzehe schälen und in dünne
Scheiben schneiden. Den Kochschinken in kleine
Quadrate schneiden.

4 Den Knoblauch in Olivenöl anbraten. Die
Knoblauchscheiben aus dem Öl nehmen, wenn
sie goldbraun und kross sind. Den gekochten
Schinken in dem mit Knoblauch aromatisierten
Fett anbraten.

5 In einem Messbecher die Mandelmilch, die
Eier, groben Pfeffer, Parmesan und Sahne verquirlen und schaumig schlagen.

6 Die Zucchininudeln mit einem Küchentuch
sanft abtupfen und in die heiße Pfanne zum
Schinken geben. Alles etwa 3 Minuten lang
scharf anbraten.

7 Die Ei-Sahne-Parmesan-Mischung in die
Pfanne geben und unterrühren, dafür die Hitze
etwas herunterdrehen.

8 Kurz vor dem Servieren groben Pfeffer über
die Zucchininudeln geben und nach Geschmack
den frittierten Knoblauch darüberstreuen.

TIPP

NUDELERSATZ
Zucchininudeln sind sehr vielseitig.
Sie können in nahezu allen klassischen Pastagerichten die herkömm-
lichen Nudeln ersetzen.

Tag 15

Heute ist Wiegetag – doch nicht nur das, es ist auch Zeit, Maß zu nehmen, neue Fotos zu machen, zu vergleichen und sich an den ersten Erfolgen zu freuen.

Die Hälfte Ihres vierwöchigen Einstiegs in die LCHF-Ernährung haben Sie nun schon hinter sich. Zur Belohnung gibt es heute nach dem Abendessen ein kleines Dessert. Ab der dritten Woche stellen viele Menschen, die auf LCHF umstellen, fest, dass sie weniger Schlaf brauchen als bisher – im Schnitt etwa eine Stunde weniger. Wenn sie also früher als sonst aufwachen, freuen Sie sich darüber und nutzen Sie die Zeit für etwas Schönes.

Zum Mittagessen

SHRIMPS-AVOCADO-SALAT

2 mittelgroße Avocados (250 g Fruchtfleisch) | 1 kleine rote Zwiebel | 300 g gekochte und geschälte Shrimps | 2 EL Olivenöl | 30 ml Rotweinessig | 1 Knoblauchzehe | 1 TL Dijon Senf | 4 Stängel Petersilie | Salz | Pfeffer

Für 2 Personen | 10 Min. Zubereitung
Pro Portion ca. 495 kcal, 24 g E, 41 g F, 5 g KH

1 Das Avocadofruchtfleisch aus der Schale lösen und in mundgerechte Stücke schneiden.
2 Die rote Zwiebel schälen, in etwa 5 mm große Würfel schneiden und zu der Avocado geben.

3 Die Shrimps mit der Avocado und den Zwiebelwürfeln vorsichtig vermischen, ohne die Avocadostücke zu zerdrücken.
4 Das Olivenöl mit dem Rotweinessig und einer ausgepressten Knoblauchzehe mischen. Den Senf und die gehackte Petersilie hinzugeben und gut verrühren.
5 Das Dressing über den Salat geben und mit Salz und Pfeffer abschmecken.

Zum Abendessen

ÜBERBACKENE AUBERGINEN MIT HACKFLEISCH

300 g Aubergine | Salz | 1 kleine Zwiebel | 1 EL Olivenöl | 1 Knoblauchzehe | 200 g gemischtes Hackfleisch | Pfeffer | 250 g gehackte Tomaten | 30 ml Sahne | 1 TL Basilikum | 1 TL Oregano | 50 g Gouda (gerieben)

Für 2 Personen | 40 Min. Zubereitung
Pro Portion ca. 490 kcal, 31 g E, 36 g F, 10 g KH

1 Den Backofen auf 200 Grad (Umluft) vorheizen. Die Auberginen waschen und längs in etwa 1 cm dicke Scheiben schneiden. Die Scheiben auf beiden Seiten salzen und nebeneinander auf Küchenpapier auslegen.
2 Die Zwiebel würfeln und im Olivenöl anschwitzen, bis sie glasig wird. Die Knoblauchzehe schälen, in kleine Würfel schneiden und zu den Zwiebelwürfeln in die Pfanne geben.

3 Das Hackfleisch am Stück in die Pfanne geben, salzen und pfeffern. Von beiden Seiten scharf anbraten, bis eine Kruste entsteht.

4 Das Hackfleisch zerkleinern und mit den Zwiebeln und dem Knoblauch vermischen.

5 Die gehackten Tomaten und die Sahne in die Pfanne geben und Basilikum sowie Oregano hinzufügen. Bei mittlerer Hitze 5 Minuten lang köcheln lassen.

6 Die Auberginenscheiben mit Küchenpapier abtupfen und in eine Auflaufform legen.

7 Die Hackfleisch-Tomaten-Mischung gleichmäßig auf den Auberginenscheiben verteilen.

8 Den geriebenen Gouda über die Auberginen streuen. Etwa 20 Minuten lang backen, bis der Käse geschmolzen ist und leicht braun wird.

Zum Dessert

ERDNUSSBUTTER-SCHOKO-MOUSSE

100 ml Sahne (nach Belieben etwas mehr zur Dekoration) | 40 g Backkakao | Flüssigsüßstoff | 30 g ungezuckerte Erdnussbutter

Für 2 Personen | 5 Min. Zubereitung | 30 Min. zum Abkühlen
Pro Portion ca. 310 kcal, 9 g E, 28 g F, 6 g KH

1 Die Sahne mit dem Kakaopulver in einen Messbecher geben und mit einem Handrührgerät aufschlagen. Die Konsistenz sollte nach etwa 1 Minute bereits relativ fest sein.

2 Einige Spritzer Flüssigsüßstoff und die Erdnussbutter hinzufügen.

3 Sobald die Mousse eine leicht buttrige Konsistenz hat, für 30 Minuten kalt stellen. Nach Geschmack mit geschlagener Sahne krönen.

VARIANTEN

Die Erdnussbutter können Sie durch andere Nussbuttersorten ersetzen. Auch Kokos- oder Mandelbutter passen gut zu unserer Schoko-Mousse. Wenn Sie die Nussbutter ganz weglassen, bleibt die Konsistenz des Desserts gleich, der Geschmack ist dann rein schokoladig. Zur Garnitur können Sie geröstete Mandelblättchen aufstreuen, die Ihrem Nachtisch noch eine knusprige Komponente geben. Bunt wird's, wenn Sie die Mousse mit zuckerfreiem Wackelpudding abwechselnd in Gläser schichten.

Tag 16

Auch wenn vieles nun schon Routine für Sie geworden ist, sollten Sie immer wieder überprüfen, ob Sie noch auf alle Details achten: Trinken Sie genug Wasser? Nehmen Sie genug Salz und Magnesium zu sich? Vergessen Sie nicht, Ihren Flüssigkeitshaushalt zu regulieren, wenn Sie Kopfschmerzen bekommen oder ungewöhnlich müde sind
▸ siehe Seite 32.

Zum Mittagessen

LACHS-GURKEN-SALAT

200 g Salatgurke | Salz | Pfeffer | 300 g geräucherter Lachs | 100 g Crème fraîche | ½ Bund Schnittlauch | 1 TL Dijon Senf | 2 EL Zitronensaft

Für 2 Personen | 10 Min. Zubereitung
Pro Portion ca. 645 kcal, 45 g E, 50 g F, 4 g KH

1 Die Gurke schälen und längs halbieren. Den inneren kernigen Teil entfernen.
2 Die Gurke in hauchdünne Scheiben schneiden und mit Salz und Pfeffer bestreuen.
3 Den Räucherlachs in dünne etwa 5 cm lange Streifen schneiden.
4 Für das Dressing den Schnittlauch klein schneiden und mit der Crème fraîche und dem Senf vermischen.
5 Das Dressing mit Salz und Pfeffer abschmecken und den Zitronensaft einrühren.

6 Die Gurken auf einem Teller verteilen, den Räucherlachs darauf anrichten und das Dressing über den Lachs gießen.

Zum Abendessen

HÄHNCHENSCHENKEL MIT BROKKOLI

400 g Hähnchenschenkel mit Rückenstück | Salz | Pfeffer | Paprikapulver (rosenscharf) | 300 g Brokkoli (TK) | 50 g gewürfelter Katenschinken | 20 g Butter

Für 2 Personen | 45 Min. Zubereitung
Pro Portion ca. 495 kcal, 48 g E, 31 g F, 6 g KH

1 Den Backofen auf 200 Grad (Umluft) vorheizen.
2 Die Hähnchenschenkel salzen und pfeffern, dann dünn mit Paprikapulver bestreuen und auf der mittleren Schiene 30 Minuten backen.
3 In der Zwischenzeit den Brokkoli in kochendes Salzwasser geben und etwa 5 Minuten mit geschlossenem Deckel kochen. Der Brokkoli muss vollständig mit Wasser bedeckt sein. Er darf nicht zerfallen, sondern soll noch bissfest sein.
4 Die Speckwürfel in der Butter anbraten, bis sie kross werden.
5 Den Brokkoli abgießen und gut abgetropft in die Pfanne geben. Zusammen mit Speck und Butter weitere 5 Minuten anbraten und mit Salz abschmecken. Der Brokkoli soll an den äußeren Enden der Röschen leicht braun werden.

FLEISCH & FISCH:

500 g Rinderhackfleisch

2 Hähnchenschenkel

600 g Hähnchenbrustfilet

300 g Entenbrust

250 g Thunfisch in Sonnenblumenöl

40 g gewürfelter Katenschinken (alternativ Speckwürfel)

80 g luftgetrocknete Salami

2 Scheiben Bacon

GEMÜSE & CO:

300 g Blumenkohl

300 g Zucchini

300 g Rotkohl

200 g grüne Bohnen

6 kleine Zwiebeln

2 kleine scharfe Chilischoten

20 g Frühlingszwiebeln

100 g Salatgurke

1 mittelgroße Avocado

2 Knoblauchzehen

50 g entsteinte schwarze Oliven

100 g rote Paprika

200 g rote Spitzpaprika

100 g grüne Spitzpaprika

90 g Cornichons

100 g milde eingelegte Peperoni

6 große Blätter Eisbergsalat

MILCHPRODUKTE:

150 g Gouda (gerieben)

1 Scheibe Gouda

50 g saure Sahne

200 g Sahnequark

50 g Parmesan (gerieben)

40 g Butter

50 g Doppelrahmfrischkäse

SONSTIGES:

3 Eier

30 g Gänseschmalz

70 g Kokosfett

Olivenöl

Sojasauce

100 ml ungesüßte Mandelmilch

Dijon Senf, Tomatenmark

Kräuteressig

Rotwein

Schnittlauch (frisch)

Basilikum (getrocknet oder frisch)

Rosmarin (getrocknet oder frisch)

Thymian (getrocknet oder frisch)

Oregano (getrocknet oder frisch)

Mayonnaise

Kreuzkümmel

Cayennepfeffer

Lorbeerblätter, Nelken

Salz, Pfeffer

Tag 17

Statt Hähnchenschenkeln können Sie auch jedes andere Fleisch nehmen. Sollte es fettarmes Fleisch wie Hähnchenbrust sein, geben Sie am besten noch Speckwürfel dazu, damit der Auflauf nicht zu trocken wird.

Zum Mittagessen

HÄHNCHEN-AVOCADO-AUFLAUF

2 Hähnchenschenkel (etwa 250 g vom Knochen gelöst) | 1 mittelgroße Avocado (ca. 150 g Fruchtfleisch) | 1 kleine Zwiebel | 100 g rote Paprika | 10 g Kokosfett | Salz | Pfeffer | 1 kleine scharfe Chilischote | 50 g saure Sahne | 50 g Gouda (gerieben)

Für 2 Personen | 30 Min. Zubereitung | plus 60 Min. Garzeit für die Hähnchenschenkel
Pro Portion ca. 580 kcal, 32 g E, 47 g F, 6 g KH

1 Die Hähnchenschenkel im Backofen bei 180 Grad (Umluft) 60 Minuten backen und dann vom Knochen lösen.

2 Die Avocado aus der Schale lösen, in Streifen schneiden und in eine Auflaufform legen.

3 Die Zwiebel würfeln, die Paprika waschen und in Streifen schneiden. Beides in Kokosfett anbraten und mit Salz und Pfeffer würzen.

4 Die Chilischote klein hacken und mit der sauren Sahne und dem Gouda unter das Hähnchenfleisch mischen.

5 Zwiebeln und Paprika dazugeben.

6 Alles vorsichtig über den Avocados verteilen und glatt streichen.

7 Den Auflauf 20 Minuten im Backofen bei 180 Grad auf mittlerer Schiene garen.

Zum Abendessen

HÄHNCHENGESCHNETZELTES MIT ZAZIKI UND BOHNEN

300 g Hähnchenbrustfilet (alternativ: 250 g Schweinenacken) | 1 EL Olivenöl | 2 EL Sojasauce | 20 g Frühlingszwiebeln | 200 g grüne Bohnen | 100 g Salatgurke | 200 g Sahnequark (40 % Fett) | Salz | Pfeffer | ½ Bund Schnittlauch | 1 Knoblauchzehe | 40 g gewürfelter Katenschinken | 10 g Kokosfett

Für 2 Personen | 45 Min. Zubereitung
Pro Portion ca. 500 kcal, 53 g E, 26 g F, 14 g KH

1 Das Hähnchenbrustfilet in mundgerechte Stücke schneiden und mit dem Olivenöl und der Sojasauce in eine Frischhaltedose geben.

2 Die Frühlingszwiebeln in feine Ringe schneiden, zum Fleisch legen und alles gut verrühren.

3 Die Bohnen waschen und putzen.

4 Die Salatgurke in dünne Streifen schneiden.

5 Den Sahnequark mit Salz und Pfeffer würzen, den Schnittlauch klein schneiden und untermischen. Die Salatgurkenstreifen dazugeben und eine Knoblauchzehe in das Zaziki pressen.

6 Die Schinkenwürfel im Kokosfett anbraten und die Bohnen hinzufügen. Kurz anbraten und dann bei geschlossenem Deckel etwa 10 Minuten bei mittlerer Hitze weitergaren lassen.

7 Das Fleisch aus der Marinade nehmen und in einer Pfanne scharf anbraten, bis es außen kross ist. Mit dem Rest der Marinade ablöschen und noch 3 Minuten köcheln lassen.

ZAZIKI AUFBEWAHREN

Das Zaziki schmeckt gekühlt am besten. Sie können es aber auch einige Stunden ohne Kühlung lagern. Im Kühlschrank hält es sich gut verschlossen zwei bis drei Tage.

Tag 18

Zum Mittagessen

ZUCCHININUDELSALAT

300 g Zucchini | Salz | 50 g schwarze entsteinte Oliven | 100 g rote Spitzpaprika | 80 g luftgetrocknete Salami | 3 EL Olivenöl | 2 TL Dijon Senf | ¼ Bund Schnittlauch | ½ TL Thymian | 1 TL Oregano | 1 TL Basilikum | 1 TL Rosmarin | 6 EL Kräuteressig | 50 g Parmesan (gerieben) | Pfeffer

Für 2 Personen | 60 Min. Zubereitung | plus 30 Min. Zeit zum Durchziehen
Pro Portion ca. 500 kcal, 20 g E, 43 g F, 9 g KH

1 Den Backofen auf 80 Grad (Umluft) vorheizen. Die Zucchini waschen und mit einem Sparschäler in bandnudelartige Streifen schneiden, dabei den inneren Teil der Zucchini entfernen.

2 Ein Backblech mit Backpapier belegen, die Zucchininudeln darauf verteilen und großzügig mit Salz bestreuen. 35 Minuten im Backofen trocknen lassen.

3 Währenddessen die Oliven klein hacken, die Paprika waschen und klein schneiden.

4 Die Salami in etwa 4 cm lange Streifen schneiden und zu der Paprika und den Oliven geben. Den Schnittlauch klein schneiden

5 Das Olivenöl mit dem Senf, Schnittlauch, Thymian, Oregano, Basilikum, Rosmarin und Kräuteressig verrühren. Den Parmesan hinzufügen und das Dressing schaumig schlagen.

6 Die Zucchininudeln aus dem Backofen holen und abkühlen lassen, dann mit der Paprika, der Salami und den Oliven vermischen.

7 Das Dressing mit Salz und Pfeffer abschmecken. Die Nudeln übergießen und mindestens 30 Minuten im Kühlschrank ziehen lassen.

VARIANTE

Dieser Nudelsalat ist auf italienische Art gewürzt. Mit Zucchininudeln können Sie aber auch einen klassisch anmutenden Nudelsalat beispielsweise mit Fleischwurst und Cornichons zubereiten. Als Dressing Mayonnaise mit griechischem Joghurt mischen und nach Geschmack würzen.

Zum Abendessen

CHEESEBURGER PUR

250 g Rinderhackfleisch | Salz | Pfeffer | 2 kleine Zwiebeln | 30 g Butter | 2 Scheiben Bacon | 40 g Cornichons | 1 Scheibe Gouda | 1 TL Mayonnaise

Für 2 Personen | 25 Min. Zubereitung
Pro Portion ca. 525 kcal, 33 g E, 42 g F, 5 g KH

1 Das Rinderhackfleisch mit Salz und Pfeffer mischen, gut durchkneten und daraus zwei flache Hamburger formen.

2 Die Zwiebeln schälen und in dünne Ringe schneiden.

3 In einer Pfanne 20 g Butter schmelzen und die Baconscheiben darin kross braten.

4 Die Baconscheiben auf einen Teller legen und die Zwiebelringe in die heiße Pfanne mit der Butter und dem Baconfett geben. Frittieren, bis sie kross sind.

5 Die Burger mit der restlichen Butter in einer heißen Pfanne von beiden Seiten scharf anbraten. Dabei nach etwa 3 Minuten wenden.

6 In der Zwischenzeit die Cornichons in dünne Scheiben schneiden.

7 Wenn die Burger beinahe gar sind, die Goudascheibe halbieren und jeweils eine Hälfte auf einen Burger legen. Den Käse bei geschlossenem Deckel schmelzen lassen.

8 Die Hamburger auf einem Teller anrichten: Dazu auf den Cheeseburgern zuerst die Mayonnaise verteilen. Dann die Cornichons, die Baconscheiben und ganz oben die frittierten Zwiebelringe auflegen. Dazu passt ein leichter Blattsalat mit einem Joghurtdressing.

Tag 19

Zum Mittagessen

PIKANTE HÄHNCHEN-PAPRIKA-QUICHE

300 g Hähnchenbrustfilet | Salz | Pfeffer |
30 g Kokosfett | 100 g grüne Spitzpaprika |
50 g milde eingelegte Peperoni | 1 kleine
scharfe Chilischote | 3 Eier | 100 ml ungesüßte
Mandelmilch | 50 g Gouda (gerieben) |
½ TL Kreuzkümmel | ½ TL Cayennepfeffer

Für 2 Personen | 50 Min. Zubereitung
Pro Portion ca. 545 kcal, 52 g E, 34 g F, 7 g KH

1 Den Backofen auf 180 Grad (Umluft)
vorheizen.

2 Das Hähnchenbrustfilet in schmale Streifen
schneiden, salzen und pfeffern. In einer Pfanne
das Kokosfett erhitzen und das Hähnchenbrustfilet anbraten, bis es beinahe gar ist.

3 Die Paprika waschen, in kleine Würfel schneiden und zum Fleisch geben.

4 Die Peperoni und die Chilischote klein hacken und mit der Paprika und der Hähnchen-
brust scharf anbraten.

5 In einem Messbecher die Eier mit der Mandelmilch und dem Gouda verquirlen. Den Kreuzkümmel und den Cayennepfeffer hinzufügen
und schaumig schlagen.

6 Die Fleisch-Gemüse-Mischung in eine Back-
form geben und mit der Ei-Masse übergießen.

7 Die Quiche 35 Minuten im Backofen auf mittlerer Schiene backen.

GARPRÜFUNG

Zum Testen, ob die Quiche fertig ist, stechen
Sie mit einer Gabel vorsichtig in die Mitte.
Das Ei sollte dort komplett gestockt und die
Gabel beim Herausziehen sauber sein.

Zum Abendessen

KNUSPRIGE ENTENBRUST MIT ROTKOHL

300 g Rotkohl | 1 kleine Zwiebel | 10 g Butter |
1 EL Essig | 100 ml Wasser | 2 EL Rotwein |
1 Lorbeerblatt | 1 Nelke | Salz | 300 g Enten-
brust | 30 g Gänseschmalz

Für 2 Personen | 65 Min. Zubereitung
Pro Portion ca. 475 kcal, 30 g E, 34 g F, 7 g KH

1 Den Rotkohl vom Strunk befreien und waschen, dann hobeln oder sehr fein in dünne
Streifen schneiden.

2 Die Zwiebel schälen und würfeln, in einer
Pfanne mit der Butter anschwitzen. Die Rotkohl-
streifen hinzugeben und sofort mit dem Essig
übergießen.

3 Den Rotkohl 10 Minuten dünsten und dann
mit dem Wasser und dem Rotwein ablöschen.

4 Das Lorbeerblatt und die Nelke hinzugeben,
den Rotkohl leicht salzen und zugedeckt 40 Minuten dünsten.

5 Den Backofen auf 140 Grad (Umluft) vorheizen. Die Entenbrust waschen und überstehende Haut entfernen. Dann die Haut mit einem scharfen Messer rautenförmig einschneiden.

6 Die Entenbrust mit der Haut nach unten in eine heiße Pfanne legen.

7 Das Fleisch bei mittlerer Hitze so lange braten, bis das Fett austritt und die Haut braun und kross wird. Zwischendurch auf die Seite drehen, damit auch aus diesen Hautstücken das Fett ausgelassen wird.

8 Wenn die Haut kross ist, die Entenbrust kurz auf der Fleischseite anbraten. Anschließend im Backofen für weitere 20 Minuten auf mittlerer Schiene gar ziehen lassen.

9 Nach 40 Minuten ist der Rotkohl weich, dann das Lorbeerblatt und die Nelke entnehmen und das Gänseschmalz kurz vor dem Servieren unter den Kohl rühren.

Tag 20

Zum Mittagessen

EISBERGSALAT-SANDWICH MIT THUNFISCH

6 große Blätter Eisbergsalat | 1 kleine Zwiebel | 250 g Thunfischfilet in Sonnenblumenöl | 50 g Cornichons | 100 g rote Spitzpaprika | 4 TL Mayonnaise | 50 g milde eingelegte Peperoni | Salz | Pfeffer

Für 2 Personen | 15 Min. Zubereitung
Pro Portion ca. 550 kcal, 29 g E, 44 g F, 9 g KH

1 Die Eisbergsalatblätter vorsichtig waschen und trocken tupfen. Es ist wichtig, dass sie keine Löcher oder Risse haben.

2 Die Zwiebel schälen, in kleine Würfel schneiden und in eine Schüssel geben.

3 Das Sonnenblumenöl aus den Dosen abgießen und den Thunfisch zu den Zwiebeln geben.

4 Die Cornichons in dünne Scheiben schneiden und zum Thunfisch geben.

5 Die Paprika waschen und würfeln. Zusammen mit der Mayonnaise in die Schüssel geben und die Masse mit einer Gabel zerdrücken, bis die Konsistenz cremig ist.

6 Die Peperoni abtropfen lassen, entkernen, in kleine Stücke schneiden und mit der Thunfischmasse vermischen.

7 Mit Salz und Pfeffer abschmecken und noch einmal durchmischen.

8 Die Eisbergsalatblätter ausbreiten und jeweils eine Hälfte mit der Thunfischpaste bestreichen, dann zusammenfalten.

VARIANTEN

Statt Thunfisch können Sie auch Hähnchenfleisch nehmen. Oder belegen Sie den Eisbergsalat klassisch mit Salami und Käse, die Sandwiches halten dann aber nicht so gut zusammen.

Zum Abendessen

HACKFLEISCH-BLUMENKOHL-AUFLAUF

1 kleine Zwiebel | 1 Knoblauchzehe | 250 g Rinderhackfleisch | ½ TL Kreuzkümmel | 1 EL Sojasauce | 1 TL Tomatenmark | Salz | Pfeffer | 20 g Kokosfett | 300 g Blumenkohl | 50 g Doppelrahmfrischkäse | 50 g Gouda (gerieben)

Für 2 Personen | 55 Min. Zubereitung
Pro Portion ca. 550 kcal, 38 g E, 41 g F, 6 g KH

1 Den Backofen auf 180 Grad (Umluft) vorheizen. Die Zwiebel und den Knoblauch schälen und in kleine Würfel schneiden.
2 Das Hackfleisch zusammen mit der Zwiebel und dem Knoblauch in eine Schüssel geben. Kreuzkümmel, Sojasauce und Tomatenmark hinzugeben. Salzen und pfeffern. Dann die Masse gut durchkneten.

3 Den Fleischteig zu einer großen Frikadelle formen.
4 Das Kokosfett in einer Pfanne erhitzen und das Hackfleisch scharf von beiden Seiten anbraten. Nachdem sich eine dünne Kruste gebildet hat, das Hackfleisch grob zerkleinern und noch weitere 3 Minuten braten.
5 Den Blumenkohl vom Grün befreien und waschen. Die Röschen abtrennen und den Boden einer Auflaufform gleichmäßig mit ihnen belegen, dann salzen.
6 Das Hackfleisch über dem Blumenkohl verteilen und den Frischkäse dünn über dem Hackfleisch verstreichen.
7 Den Gouda über den Frischkäse streuen und den Auflauf auf der mittleren Schiene etwa 35 Minuten lang backen. Der Käse sollte geschmolzen und goldbraun sein.

KÄSEVARIANTE

Sie können statt Gouda auch einen Käse mit mehr Eigengeschmack nehmen. Probieren Sie zum Beispiel Emmentaler aus. Wenn Sie es milder mögen, bietet sich Mozzarella an.

FLEISCH & FISCH:

300 g Schweinefilet

300 g Hähnchenbrustfilet

250 g Lachsfilet

100 g gewürfelter Katenschinken
(alternativ Speckwürfel)

250 g Schweinenacken/-kamm

200 g gemischtes Hackfleisch

100 g gekochter Schinken

GEMÜSE & CO:

800 g Blumenkohl

400 g Champignons

300 g Weißkohl

300 g Blattspinat

200 g weißer Rettich

200 g grüne Bohnen

4 kleine Zwiebeln

3 Knoblauchzehen

100 g rote Spitzpaprika

50 g eingelegte scharfe Peperoni

1 Zitrone

MILCHPRODUKTE:

170 g Kräuterfrischkäse

220 g Gouda (gerieben)

120 g Parmesan (gerieben)

80 g Doppelrahmfrischkäse

70 ml Sahne

2 EL saure Sahne

SONSTIGES:

5 Eier

130 g Kokosfett

170 g Mandelmehl (nicht entölt)

30 g Sesamkörner

Paprikapulver (rosenscharf)

Gemüsebrühe

Olivenöl

Nussöl

Essig

Flüssigsüßstoff

Backpulver

Kurkuma

Kreuzkümmel

Kümmel gemahlen

Koriander (frisch)

Oregano (getrocknet oder frisch)

Thymian (getrocknet oder frisch)

Tomatenmark

Salz, Pfeffer (grob und fein)

Tag 21

Zum Mittagessen
GEFÜLLTE CHAMPIGNONS

300 g Champignons | 1 kleine Zwiebel |
30 g Kokosfett | 100 g gewürfelter Katenschin-
ken | Salz | Pfeffer | Paprikapulver (rosen-
scharf) | 120 g Kräuterfrischkäse | 30 g Par-
mesan (gerieben) | Gemüsebrühe

Für 2 Personen | 40 Min. Zubereitung
Pro Portion ca. 415 kcal, 28 g E, 31 g F, 5 g KH

1 Die Champignons putzen, die Stiele entfernen und das Innere vorsichtig aushöhlen.

2 Die Champignonstiele in möglichst kleine
Würfel schneiden.

3 Die Zwiebel schälen und würfeln. In einer
Pfanne das Kokosfett erhitzen und die Zwiebel
darin anbraten, bis sie glasig wird.

4 Die klein geschnittenen Champignonstiele
und die Schinkenwürfel zu den Zwiebeln in die
Pfanne geben.

5 Die Mischung gut anbraten, dabei immer
wieder umrühren. Sobald die Schinkenwürfel
leicht kross sind, den Herd auf mittlere Hitze
herunterschalten.

6 Den Backofen auf 180 Grad (Umluft) vorheizen. Den Pfanneninhalt mit Salz, Pfeffer und Paprikapulver abschmecken, dann den Frischkäse
dazugeben und gut untermischen.

7 Mit einem Teelöffel die Frischkäse-Zwiebel-
Mischung in die ausgehöhlten Champignons fül-
len. Die Füllung sollte etwa bis zum Rand gehen.
Den Parmesan darüberstreuen.

8 Die gefüllten Champignons so in eine Back-
form setzen, dass etwas Platz zwischen den einzelnen Pilzen bleibt.

9 Etwa 250 ml Gemüsebrühe nach Packungs-
anleitung anrühren und vorsichtig in die Back-
form gießen. Die Champignons sollten in der
Gemüsebrühe stehen, nicht schwimmen.

10 Die Champignons etwa 25 Minuten auf mittlerer Schiene im Backofen gar ziehen lassen.

DIE PASSENDEN PILZE

Wenn Sie große Champignons nehmen, geht
die Zubereitung schneller. Das Verhältnis
von Füllung zu Champignons und damit der
Geschmack sind allerdings besser, wenn Sie
mittelgroße Pilze wählen.

Zum Abendessen

PANIERTES LACHSFILET MIT KRAUTSALAT

300 g Weißkohl | Salz | 2 EL Essig | 1 Ei | 40 g Mandelmehl | 10 g Parmesan (gerieben) | 250 g Lachsfilet | 1 EL Olivenöl | ½ TL gemahlener Kümmel | 1 EL Nussöl | 20 ml Sahne | Pfeffer | Flüssigsüßstoff

Für 2 Personen | 50 Min. Zubereitung
Pro Portion ca. 530 kcal, 39 g E, 38 g F, 8 g KH

1 Den Weißkohl waschen und in feine Streifen raspeln oder schneiden. In einer Schüssel mit Salz und Essig vermischen und 30 Minuten lang ziehen lassen.

2 In einem tiefen Teller das Ei mit etwas Salz verrühren. In einem zweiten tiefen Teller das Mandelmehl mit dem Parmesan vermischen.

3 Das Lachsfilet zuerst im Ei, dann in der Mandelmehl-Parmesan-Mischung wälzen.

4 Den Weißkohl in ein sauberes Küchentuch geben und auswringen, bis Flüssigkeit austritt. Diesen Vorgang drei Mal wiederholen.

5 In einer Pfanne das Olivenöl erhitzen und das Lachsfilet von beiden Seiten bei mittlerer Hitze anbraten, je nach Dicke der Stücke dauert dies pro Seite etwa 2 bis 3 Minuten. Die Panade sollte goldbraun werden.

6 Den Weißkohl mit dem Kümmel und dem Nussöl vermischen, die Sahne hinzugeben und mit Salz und Pfeffer abschmecken. Nach Geschmack einige Spritzer Süßstoff hinzufügen.

KRAUTSALAT DURCHZIEHEN LASSEN

Den Krautsalat können Sie gut einige Stunden oder sogar einen Tag vorher zubereiten. Er schmeckt sogar noch besser, wenn er einige Zeit im Kühlschrank durchgezogen ist.

Tag 22

Mit dem heutigen Wiegetag starten Sie in die Endphase Ihres Vier-Wochen-Projekts. Die ersten Kilos sind gepurzelt und in nur sieben weiteren Tagen wird sich Ihr Körper komplett an den Fettstoffwechsel angepasst haben und effizient mit Ketonen arbeiten. Vergessen Sie nicht, sich zwischendurch für das Erreichte auch mal zu belohnen!

Zum Mittagessen

KÄSE-GEBÄCK MIT HUMMUS

2 Eier | 50 g Kräuterfrischkäse | 70 g Gouda (gerieben) | 1 TL Backpulver | 50 g Mandelmehl | Salz | 200 g Blumenkohl | 30 g Sesamkörner | 2 Knoblauchzehen | 2 EL Olivenöl | Pfeffer | Paprikapulver (rosenscharf) | 1 EL Zitronensaft

Für 2 Personen | 40 Min. Zubereitung
Pro Portion ca. 500 kcal, 34 g E, 37 g F, 8 g KH

1 Den Backofen auf 200 Grad (Umluft) vorheizen.

2 Die Eier mit dem Frischkäse, dem Gouda, Backpulver, Mandelmehl und Salz verquirlen.

3 Den Blumenkohl vom Grün befreien, waschen und die Röschen abtrennen.

4 In einer Pfanne die Sesamkörner rösten, bis sie goldbraun werden, dabei ständig umrühren.

5 Ein Backblech mit Backpapier auslegen und den Mandelmehlteig mit einem Esslöffel klecksweise darauf verteilen. Viel Platz zwischen den

einzelnen Klecksen lassen, da sie etwas auseinanderfließen und beim Backen aufgehen.

6 Den Teig auf der mittleren Schiene im Ofen 10 Minuten backen.

7 Die Knoblauchzehen schälen, pressen und in die Pfanne zum Sesam geben.

8 Den Blumenkohl, 1 EL Olivenöl und 2 EL Wasser ebenfalls in die Pfanne geben und bei geschlossenem Deckel 5 Minuten köcheln lassen.

9 Die Blumenkohl-Sesam-Mischung kurz abkühlen lassen und dann in einen Mixer geben. Mit Salz, Pfeffer und Paprikapulver abschmecken, Zitronensaft hinzugeben und zu einer feinen Paste pürieren.

10 Das Hummus mit Olivenöl beträufeln und mit Paprikapulver bestreuen. Das Gebäck vor dem Servieren etwas abkühlen lassen.

INFO

MANDELMEHL

Bei Mandelmehl wird unterschieden zwischen entöltem Mandelmehl, einem Nebenprodukt der Mandelölherstellung, und nicht entöltem Mehl, bei dem es sich einfach um gemahlene Mandeln – geschält oder ungeschält – mit sehr feinem Mahlgrad handelt. Die gemahlenen Mandeln enthalten deutlich mehr Fett als das entölte Mehl. Für die Rezepte in diesem Buch empfehlen wir nicht entöltes Mehl.

SCHWEINEFILET MIT PANIERTEM BLUMENKOHL

300 g Blumenkohl | Gemüsebrühe | 300 g Schweinefilet | Salz | 1 Ei | 30 g Mandelmehl | 30 g Parmesan (gerieben) | 30 g Kokosfett | grober Pfeffer

Für 2 Personen | 30 Min. Zubereitung
Pro Portion ca. 465 kcal, 51 g E, 27 g F, 4 g KH

1 Den Blumenkohl vom Grün befreien, waschen und in kleine Röschen schneiden.

2 Gemüsebrühe zum Kochen bringen und den Blumenkohl darin 5 Minuten sprudelnd kochen.

3 Das Schweinefilet von Fett und Sehnen befreien und in etwa 1,5 cm dicke Medaillons schneiden. Auf beiden Seiten salzen.

4 Den Blumenkohl abgießen und einige Minuten abkühlen lassen.

5 In einer Tasse das Ei mit etwas Salz verquirlen. Das Mandelmehl und den Parmesan ebenfalls in Tassen füllen.

6 Die Blumenkohlröschen im Mandelmehl wenden, dann im Ei und zuletzt im Parmesan.

7 In einer Pfanne 20 g Kokosfett erhitzen und die Blumenkohlröschen darin frittieren, bis sie goldbraun sind.

8 Die Medaillons mit dem restlichen Kokosfett von beiden Seiten je 2 bis 3 Minuten lang scharf anbraten. Vor dem Servieren das Fleisch mit grobem Pfeffer würzen.

Tag 23

Zum Mittagessen

GEBRATENER BLUMENKOHL-REIS MIT SCHWEINENACKEN

300 g Blumenkohl (alternativ: Weißkohl) | 250 g Schweinenacken/-kamm | 30 g Kokosfett | 1 kleine Zwiebel | 100 g rote Spitzpaprika | ½ TL Kreuzkümmel | ½ TL Kurkuma | Salz | Pfeffer | 2 Zweige Koriander | 2 EL saure Sahne

Für 2 Personen | 25 Min. Zubereitung
Pro Portion ca. 480 kcal, 26 g E, 36 g F, 9 g KH

1 Den Blumenkohl vom Grün befreien und grob klein schneiden. Dann in einen Mixer geben und so lange zerkleinern, bis die einzelnen Stücke etwa die Größe eines Reiskorns haben.

2 Den vom Knochen gelösten Schweinenacken in kleine Stücke schneiden und in einer Pfanne mit 10 g Kokosfett scharf anbraten.

3 Die Zwiebel schälen und würfeln, die Paprika waschen und in dünne Streifen schneiden.

4 Das Fleisch aus der Pfanne nehmen und in der Pfanne die Paprikastreifen und die Zwiebelwürfel anrösten.

5 Nach 3 Minuten das restliche Kokosfett in der Pfanne erhitzen und den Blumenkohlreis zu der Paprika und der Zwiebel geben. Kreuzkümmel und Kurkuma unterrühren und alles mit Salz und Pfeffer abschmecken.

6 Die Gemüsemischung scharf anbraten, bis der Blumenkohlreis bräunlich wird. Dann den Schweinenacken wieder in die Pfanne geben und weitere 5 Minuten braten.

7 Den Koriander klein hacken und über die Blumenkohlreispfanne streuen.

8 Kurz vor dem Servieren die saure Sahne auf das Gericht geben.

VARIANTE

Statt saurer Sahne schmecken als Topping auch Schmand oder Crème fraîche.

Zum Abendessen

SCHINKEN-CHAMPIGNON-PIZZA

100 g Gouda (gerieben) | 50 g Mandelmehl | 1 Ei | 20 g Parmesan (gerieben) | 20 g Doppelrahmfrischkäse | Salz | 2 EL Tomatenmark | 2 TL Oregano | ½ TL Thymian | 1 TL Olivenöl | 100 g Champignons | 100 g gekochter Schinken

Für 2 Personen | 60 Min. Zubereitung
Pro Portion ca. 415 kcal, 43 g E, 25 g F, 3 g KH

1 Den Backofen auf 100 Grad (Umluft) vorheizen. 90 g Gouda in eine ofenfeste Form geben. Den Käse im Backofen schmelzen, er soll nicht braun werden. Alternativ den Gouda in der Mikrowelle schmelzen (etwa 30 Sekunden).

2 Den Käse so weit abkühlen lassen, dass man ihn mit der bloßen Hand anfassen kann, er soll aber noch warm sein. Den Backofen auf 180 Grad stellen.

3 Das Mandelmehl, das Ei, den Parmesan und den Frischkäse mit etwas Salz in den Käse einkneten, bis ein geschmeidiger Teig entsteht. Zügig arbeiten, damit der Käse nicht zu fest wird.

4 Ein Backblech mit Backpapier auslegen und den Teig darauf ausbreiten. Wenn der Teig zu sehr klebt, etwas Mandelmehl zugeben. Der Teig sollte am Ende etwa 5 mm dick sein.

5 Den Teig 5 Minuten lang backen. Er sollte oben leicht gebräunt sein.

6 Den Teig dann vorsichtig umdrehen, sodass die gebräunte Seite unten liegt. Das Backblech für weitere 5 Minuten in den Backofen schieben.

7 Das Tomatenmark mit 1 TL Oregano, dem Thymian und dem Olivenöl verrühren.

8 Die Champignons putzen (nicht waschen!) und den Schinken in Streifen schneiden.

9 Das Backblech aus dem Ofen holen und den Teig mit dem Tomatenmark bestreichen, sodass der Pizzaboden komplett bedeckt ist. Dann mit Schinken und Champignons belegen, den restlichen Gouda darüberstreuen und den restlichen Oregano auf dem Käse verteilen.

10 Nochmals 5 Minuten lang backen.

KALORIENARM BELEGEN

Wie bei jeder Pizza können Sie den Belag frei wählen – es empfiehlt sich jedoch, einen kalorienarmen Belag auszuprobieren, da der Teigboden sehr kalorienreich ist. Probieren Sie Ihre Pizza doch einmal mit einem Belag aus Spinat oder Brokkoli.

Tag 24

Zum Mittagessen

HACKFLEISCH–RETTICH–AUFLAUF

1 kleine Zwiebel | 10 g Kokosfett | 200 g gemischtes Hackfleisch | Salz | Pfeffer | 200 g grüne Bohnen | 50 ml Sahne | 100 ml Wasser | 1 Knoblauchzehe | 200 g weißer Rettich | 50 g Gouda (gerieben)

Für 2 Personen | 45 Min. Zubereitung
Pro Portion ca. 520 kcal, 31 g E, 39 g F, 11 g KH

1 Den Backofen auf 200 Grad (Umluft) vorheizen. Die Zwiebel schälen, in Würfel schneiden und im Kokosfett anbraten.

2 Das Hackfleisch salzen und pfeffern und am Stück zu den Zwiebeln in die Pfanne geben. Von beiden Seiten scharf anbraten, bis eine braune Kruste entsteht, dann zerkleinern.

3 Die Bohnen waschen und putzen. In mundgerechte Stücke schneiden und zusammen mit der Sahne und dem Wasser in die Pfanne zum Hackfleisch geben.

4 Die Knoblauchzehe schälen und sehr klein würfeln, ebenfalls in die Pfanne geben und alles 3 Minuten köcheln lassen.

5 Den Rettich waschen und in hauchdünne Scheiben hobeln oder schneiden.

6 Die Hackfleisch-Bohnen-Mischung in eine Auflaufform geben.

7 Die dünnen Rettichscheiben über dem Hackfleisch verteilen, sodass es komplett bedeckt ist.
8 Im Backofen 20 Minuten backen, bis der Rettich kross ist. Dann den geriebenen Gouda gleichmäßig über dem Rettich verteilen und den Auflauf weitere 10 Minuten backen.

Zum Abendessen

GEFÜLLTE PIKANTE HÄHNCHENBRUST

300 g Hähnchenbrustfilet | 50 g eingelegte scharfe Peperoni | 60 g Doppelrahmfrischkäse | Salz | Pfeffer | 30 g Kokosfett | 30 g Parmesan (gerieben) | 300 g Blattspinat | 1 kleine Zwiebel

Für 2 Personen | 45 Min. Zubereitung
Pro Portion ca. 500 kcal, 48 g E, 32 g F, 5 g KH

1 Den Backofen auf 180 Grad (Umluft) vorheizen. Das Hähnchenbrustfilet in dicke Schnitzel schneiden, die sich in der Mitte noch einmal mit einem scharfen, dünnen Messer parallel zur Unterlage aufschneiden lassen, sodass in jedem Schnitzel eine Tasche entsteht.
2 Die Peperoni klein hacken und mit dem Frischkäse in die Fleischtaschen füllen. Mit einem Zahnstocher die Öffnung verschließen. Das Fleisch von außen salzen und pfeffern.
3 20 g Kokosfett erhitzen und die Hähnchenbrustschnitzel darin von beiden Seiten scharf anbraten – etwa 3 Minuten pro Seite.

4 Das Fleisch in eine backofenfeste Form legen, mit dem Parmesan bestreuen und 30 Minuten im Backofen gar ziehen lassen.
5 Den Spinat putzen, dicke Stiele entfernen und sorgfältig waschen.
6 Die Zwiebel schälen und in kleine Würfel schneiden.
7 In der Pfanne, in der die Hähnchenbrust gebraten wurde, die Zwiebel mit dem restlichen Kokosfett anschwitzen. Sobald sie glasig wird, den abgetropften Spinat dazugeben.
8 Den Spinat unter ständigem Rühren etwa 6 Minuten anbraten, bis er zusammenfällt. Mit Salz und Pfeffer abschmecken.

EINKAUFSLISTE – TAG 25 BIS 28

FLEISCH & FISCH:

400 g Rumpsteak
400 g gemischtes Hackfleisch
200 g Kalbsschnitzel
200 g Thunfisch in Sonnenblumenöl
200 g feine Bratwürstchen
70 g Parmaschinken
8 Scheiben Bacon

GEMÜSE:

300 g Wirsing
300 g weißer Rettich
1 kleine und 2 mittelgroße
Avocados
200 g Blumenkohl
100 g Lollo Rosso
100 g rote Spitzpaprika
100 g grüne Spitzpaprika
100 g Salatgurke
100 g braune Champignons
60 g Frühlingszwiebeln
50 g Eisbergsalat
3 kleine Zwiebeln
1 Knoblauchzehe
1 Zitrone

40 g Cornichons
50 g milde eingelegte
Peperoni

MILCHPRODUKTE:

130 g Gouda (gerieben)
50 ml Sahne
20 g Parmesan (gerieben)
20 g Parmesan (am Stück)
70 g Butter
40 g Doppelrahm-
frischkäse
50 g Emmentaler
(gerieben)
80 g saure Sahne
40 g Kräuterbutter

SONSTIGES:

4 Eier
75 g Kokosfett
80 g Mandelmehl
(nicht entölt)
Mayonnaise
100 ml ungesüßte
Mandelmilch
Gemüsebrühe
Kräuteressig
Olivenöl
Flüssigsüßstoff
Dijon Senf
Tomatenmark
8 Salbeiblätter
Koriander (frisch)
Schnittlauch (frisch)
Petersilie (frisch)
Thymian (frisch)
Kreuzkümmel
Cayennepfeffer
Paprikapulver
(edelsüß und rosen-
scharf)
Muskatnuss
Currypulver
Salz, Pfeffer

Tag 25

Zum Mittagessen

AVOCADO-THUNFISCH-BÄLLCHEN

200 g Thunfisch in Sonnenblumenöl |
2 EL Mayonnaise | 20 g Parmesan (gerieben) |
Salz | Pfeffer | 30 g Frühlingszwiebeln | 1 kleine Avocado (ca. 100 g Fruchtfleisch) |
30 g Mandelmehl | 20 g Kokosfett

Für 2 Personen | 35 Min. Zubereitung
Pro Portion ca. 640 kcal, 33 g E, 55 g F, 2 g KH

1 Den Thunfisch gut abtropfen lassen und in eine Schüssel geben.
2 Die Mayonnaise und den Parmesan zum Thunfisch geben und alles gut durchmischen. Mit Salz und Pfeffer kräftig abschmecken.
3 Die Frühlingszwiebeln waschen und das dunkle Grün entfernen. Den weißen Teil der Frühlingszwiebeln in feine Ringe schneiden und in die Schüssel geben.
4 Die Avocado aus der Schale lösen und das Fruchtfleisch in Würfel schneiden. Die Avocadowürfel zur Thunfischmischung geben und vorsichtig unterheben, ohne das Fruchtfleisch der Avocado zu zerdrücken.
5 Das Mandelmehl in einen tiefen Teller füllen. Die Thunfischcreme vorsichtig zu Bällchen formen und diese im Mandelmehl wälzen, sodass sie komplett ummantelt sind.

6 In einer Pfanne das Kokosfett erhitzen und die Thunfischbällchen darin von allen Seiten goldbraun braten.
7 Zum Abkühlen auf Küchenpapier legen. Die Bällchen schmecken warm und kalt gut.

Zum Abendessen

FRIKADELLEN IN SENFSAUCE MIT WIRSINGPÜREE

200 g gemischtes Hackfleisch | Salz | Pfeffer |
3 Stängel Petersilie | 2 kleine Zwiebeln | Muskatnuss | 2 EL Dijon Senf | 300 g Wirsing |
20 g Butter | 20 ml Sahne | 15 g Kokosfett |
100 ml ungesüßte Mandelmilch

Für 2 Personen | 30 Min. Zubereitung
Pro Portion ca. 550 kcal, 28 g E, 43 g F,
12 g KH

1 Das Hackfleisch in eine Schüssel geben und mit Salz und Pfeffer würzen. Petersilie fein hacken und hinzufügen.
2 Die Zwiebeln schälen und würfeln, die Hälfte in die Schüssel zum Hackfleisch geben.
3 Das Hackfleisch mit Muskatnuss und 1 EL Senf verkneten, bis eine gut formbare Masse entsteht. Aus dem Hackfleischteig kleine Frikadellen formen.
4 Die Wirsingblätter sorgfältig waschen und in etwa 1 cm breite Streifen schneiden.
5 Die restlichen Zwiebelwürfel in einen Topf mit erhitzter Butter geben und anbraten, bis sie

glasig werden. Den Wirsing hinzufügen und bei geschlossenem Deckel etwa 10 Minuten lang gar ziehen lassen.

6 Sobald der Wirsing zusammengefallen und gar ist, mit einem Stabmixer zerkleinern. Alternativ: Wirsing abkühlen lassen und in einem Standmixer zerkleinern.

7 Ausgetretene Flüssigkeit des Wirsingpürees abgießen und das Püree mit Salz und Pfeffer würzen. Mit Muskatnuss abschmecken und die Sahne hinzufügen. Bei geschlossenem Deckel weitere 6 bis 8 Minuten köcheln lassen.

8 Das Kokosfett in einer Pfanne erhitzen und die vorgeformten Frikadellen darin von beiden Seiten kross braten.

9 Wenn die Frikadellen gar sind, die Mandelmilch in die Pfanne geben und 1 EL Senf in die Sauce rühren. Bei mittlerer Hitze noch etwa 4 Minuten köcheln lassen.

Tag 26

Zum Mittagessen

MIT EIERSALAT GEFÜLLTE AVOCADOS

3 Eier | 2 mittelgroße Avocados (ca. 250 g Fruchtfleisch) | 1 EL Zitronensaft | 100 g rote Spitzpaprika | 40 g Cornichons | 30 g Frühlingszwiebeln | 2 Zweige Koriander | 3 EL Mayonnaise | Salz | Pfeffer | ½ TL Paprikapulver (rosenscharf) | 1 TL Dijon Senf | 1 EL Kräuteressig

Für 2 Personen | 20 Min. Zubereitung
Pro Portion ca. 490 kcal, 14 g E, 45 g F, 6 g KH

1 Die Eier hart kochen.

2 Die Avocados halbieren, die Kerne entfernen. Den Zitronensaft auf die Avocados träufeln.

3 Die Paprika waschen und in feine Streifen schneiden. Die Cornichons in dünne Scheiben schneiden. Die Frühlingszwiebeln putzen und klein schneiden.

4 Die Eier pellen und in Würfel schneiden.

5 Den Koriander klein hacken. In einer Schüssel die Mayonnaise mit Salz, Pfeffer, Koriander, Paprikapulver, Senf und Kräuteressig verrühren.

6 Die Eier in das Dressing geben, Paprika, Frühlingszwiebeln und Cornichons hinzufügen und alles gut durchmischen.

7 Die Avocados salzen und den Eiersalat in die Mitte der Hälften füllen.

Zum Abendessen

SALTIMBOCCA ALLA ROMANA MIT BLUMENKOHL

200 g Blumenkohl | Gemüsebrühe | Salz | Pfeffer | Muskatnuss | 50 g Gouda (gerieben) | 200 g Kalbsschnitzel | ca. 8 Salbeiblätter | 70 g Parmaschinken | 40 g Butter

Für 2 Personen | 40 Min. Zubereitung
Pro Portion ca. 450 kcal, 40 g E, 30 g F, 5 g KH

1 Den Backofen auf 180 Grad (Umluft) vorheizen. Den Blumenkohl vom Grün befreien und in kleine Röschen teilen.

2 Salzwasser zum Kochen bringen und Gemüsebrühe einrühren, den Blumenkohl darin 5 Minuten sprudelnd kochen.

3 Den Blumenkohl abtropfen lassen und in eine backofenfeste Form geben. Mit Salz, Pfeffer und Muskatnuss würzen.

4 Den Gouda über dem Blumenkohl verteilen. Im Backofen auf der mittleren Schiene etwa 20 Minuten lang backen.

5 Die Kalbsschnitzel leicht platt klopfen. Vorsichtig salzen und mit Salbeiblättern belegen.

6 Den Parmaschinken auf die Kalbsschnitzel legen, an den Seiten nach unten einschlagen und andrücken, damit der Schinken fest an den Schnitzeln haftet.

7 Die Butter in einer Pfanne erhitzen und die Kalbsschnitzel mit der Schinkenseite nach unten etwa 3 Minuten lang anbraten.

8 Dann auf der Fleischseite 2 Minuten lang braten. Dabei die obere Seite immer wieder mit der zerlassenen Butter übergießen.

9 Zum Servieren die mit Salbei aromatisierte Butter mit einem Löffel gleichmäßig über dem Blumenkohl verteilen.

VARIANTEN

Statt Kalbfleisch können Sie auch Hähnchenbrustfilet oder Schweineschnitzel nehmen. Die Kalorienmengen sind dann natürlich leicht verändert.

Tag 27

BACON-PEPERONI-MUFFINS

4 Scheiben Bacon | 40 g Doppelrahmfrischkäse | 40 g Gouda (gerieben) | 50 g Emmentaler (gerieben) | 1 Zweig Koriander | Salz | Pfeffer | ½ TL Kreuzkümmel | ½ TL Cayennepfeffer | ½ TL Paprikapulver (edelsüß) | 50 g Mandelmehl | 1 Ei | 30 ml Sahne | 50 g milde eingelegte Peperoni

Für 2 Personen | 40 Min. Zubereitung
Pro Portion ca. 495 kcal, 33 g E, 38 g F, 4 g KH

1 Den Backofen auf 180 Grad (Umluft) vorheizen. Die Baconscheiben ohne anderes Fett kross braten und auf einen Teller legen.

2 Den Frischkäse in der Pfanne mit dem Baconfett auf kleiner Stufe erhitzen, bis er schmilzt.

3 Die Pfanne von der Platte nehmen, dann den Gouda und den Emmentaler zügig in den Frischkäse einrühren.

4 Den Koriander klein hacken und mit den Gewürzen vermischen.

5 Das Mandelmehl, das Ei und die Sahne zu der Käsemischung geben und gut verrühren.

6 Die Peperoni klein hacken und unter den Teig mischen.

7 Die Baconscheiben über dem Teig zerkrümeln und alles gut durchmengen.

8 Den Teig gleichmäßig auf Muffinformen verteilen, sodass sie etwa halb voll sind. Dann 20 Minuten lang auf mittlerer Schiene backen.

VARIANTEN

Experimentieren Sie mit den Käsesorten: Wenn Sie statt Gouda geriebenen Parmesan nehmen, wird der Käsegeschmack intensiver. Statt Natur-Frischkäse schmeckt beispielsweise Frischkäse mit Paprikaaroma.

Zum Abendessen

CURRYWURST MIT RETTICH-FRITTEN

300 g weißer Rettich | 3 EL Tomatenmark |
3 EL Kräuteressig | 1 TL Currypulver | Salz |
Flüssigsüßstoff | 10 g Butter | 200 g feine Brat-
würstchen | 40 g Kokosfett

Für 2 Personen | 40 Min. Zubereitung
Pro Portion ca. 590 kcal, 17 g E, 55 g F, 6 g KH

1 Den Rettich mit einem Sparschäler schälen
und in etwa fingerdicke Stifte schneiden.
2 In einem kleinen Schälchen das Tomatenmark mit dem Kräuteressig verrühren, etwa die
Hälfte des Currypulvers hinzufügen und mit Salz
und Flüssigsüßstoff kräftig abschmecken.
3 Die Butter in einer Pfanne erhitzen und die
Bratwürstchen bei mittlerer Hitze von allen Seiten scharf anbraten.
4 In einer tiefen Pfanne das Kokosfett stark erhitzen. Die Rettichstifte vorsichtig in das heiße
Fett geben und frittieren, bis sie goldbraun und
kross sind.
5 Die Bratwürste zusammen mit der Curry-
Tomaten-Sauce anrichten und mit dem Rest des
Currypulvers bestreuen.
6 Die Rettich-Fritten aus dem heißen Fett nehmen und stark salzen. Zügig servieren, damit sie
schön kross bleiben.

DAS PASST DAZU

Wie zu klassischen Pommes frites passen
auch zu Rettich-Fritten Ketchup und Mayonnaise. Ketchup sollten Sie am besten selbst
machen, da gekauftes meist sehr viel Zucker
enthält. Die im Rezept beschriebene Art Ketchup selbst herzustellen, geht besonders
schnell und einfach. Wenn Sie mehr Zeit haben, können Sie Ketchup natürlich auch aus
frischen Tomaten zubereiten.

Tag 28

Sie sind am Ziel Ihrer vierwöchigen Ernährungsumstellung angekommen. Ihr Körper hat sich auf den Fettstoffwechsel eingestellt, produziert effizient Ketone und nutzt sie als Energiequelle. Es ist nun auch an der Zeit, wieder Maß zu nehmen, Fotos zu machen und die Ergebnisse zu vergleichen.

Mehr noch als Ihr Körper hat sich wahrscheinlich Ihre Einstellung zum Essen verändert. Das extrem verlängerte Sättigungsgefühl und die konstante Energie sind Normalität geworden.

Diese vier Wochen waren jedoch nur der Anfang. Bleiben Sie der LCHF-Ernährung treu. Viele der vorgeschlagenen Rezepte können Sie immer wieder variieren, sodass Ihre Ernährung auch künftig nicht langweilig werden wird und auch der Genuss nicht zu kurz kommen wird.

Zum Mittagessen

TACO-SALAT

4 Scheiben Bacon | 1 kleine Zwiebel | 1 Knoblauchzehe | 200 g gemischtes Hackfleisch | Pfeffer | Salz | 2 Zweige Koriander | ½ TL Cayennepfeffer | ½ TL Kreuzkümmel | 50 g Eisbergsalat | 40 g Gouda (gerieben) | 80 g saure Sahne

Für 2 Personen | 20 Min. Zubereitung
Pro Portion ca. 515 kcal, 31 g E, 41 g F, 5 g KH

1 Die Baconscheiben klein schneiden und in einer heißen Pfanne das Fett auslassen.

2 Die Zwiebel schälen, in kleine Würfel schneiden und zum Bacon in die Pfanne geben. Die Knoblauchzehe schälen und dazupressen.

3 Die Zwiebelwürfel an den Pfannenrand schieben, sobald sie glasig werden. Das Hackfleisch am Stück pfeffern und salzen und in der Pfannenmitte von beiden Seiten scharf anbraten.

4 Das Hackfleisch zerkleinern, wenn es eine krosse Kruste hat. Den Koriander klein hacken. Die Gewürze und den Koriander zum Fleisch hinzufügen und gut verrühren.

5 Den Eisbergsalat waschen, abtropfen lassen und in Streifen schneiden.

6 Den geriebenen Käse zum Hackfleisch in die Pfanne geben und verrühren, dann den Eisbergsalat hinzufügen.

7 Den Pfanneninhalt in eine Schüssel geben, kurz abkühlen lassen und dann mit der sauren Sahne vermischen.

Zum Abendessen

RUMPSTEAK MIT KRÄUTER-BUTTER UND SALAT

400 g Rumpsteak | 100 g Lollo Rosso | 100 g braune Champignons | 100 g Salatgurke | 100 g grüne Spitzpaprika | 20 g Parmesan (am Stück) | ¼ Bund Schnittlauch | 1 Stängel Petersilie | 1 Zweig Thymian | 3 EL Olivenöl | 3 EL Kräuteressig | Salz | Pfeffer | 40 g Kräuterbutter

Für 2 Personen | 20 Min. Zubereitung
Pro Portion ca. 625 kcal, 52 g E, 44 g F, 4 g KH

1 Das Fleisch aus dem Kühlschrank nehmen und Zimmertemperatur annehmen lassen.

2 Den Lollo Rosso waschen, abtropfen lassen und klein schneiden.

3 Die Champignons putzen und in Scheiben schneiden, zum Salat in die Schüssel geben.

4 Die Salatgurke waschen und in dünne Scheiben schneiden, die Spitzpaprika waschen und in Streifen schneiden.

5 Den Parmesan grob in Späne hobeln, sie dürfen unterschiedlich groß sein. Die Parmesanspäne über den Salat streuen.

6 Schnittlauch, Petersilie und Thymian klein schneiden. 2 EL Olivenöl mit dem Kräuteressig, den Kräutern, Salz und Pfeffer mischen. Den Salat mit dem Dressing übergießen.

7 In einer Pfanne das restliche Olivenöl erhitzen. Die Steaks am Fettrand anschneiden, dabei nicht ins Fleisch schneiden.

8 Sobald das Olivenöl heiß ist, die Steaks in die Pfanne geben und von beiden Seiten etwa 2 Minuten anbraten.

9 Das Fleisch 3 Minuten ruhen lassen und dann servieren. Auf dem Teller mit Salz und Pfeffer würzen. Die Kräuterbutter und den Salat dazu servieren.

FLEISCHVARIANTEN

Statt Rumpsteak können Sie auch Filetsteak oder Hüftsteak nehmen. Die Steaks sollten niemals dünner als 2,5 Zentimeter sein, besser noch sind 3 Zentimeter.

Bücher, die weiterhelfen

Eenfeldt, Andreas
**Köstliche Revolution –
Gesund und schlank durch
richtiges Essen**
Ennsthaler

Fife, Bruce
**Das Keto-Prinzip:
Ketogen ernähren mit
Kokosöl und Fett**
VAK Verlags GmbH

Gonder, Ulrike; Leitz, Anja
**KetoKüche kennenlernen –
Die ketogene Ernährung in
Theorie und Praxis**
Systemed GmbH

Gonder, Ulrike; Stuth, Dorothee
**Ketoküche für Einsteiger:
Rezepte und Kraftshakes**
Systemed GmbH

Jarka, Marco K. R.
**Abnehmen in Ketose:
Leitfaden für Einsteiger**
Books on Demand

*Kämmerer, Ulrike; Schlatterer,
Christina; Knoll, Gerd*
**Krebszellen lieben Zucker –
Patienten brauchen Fett**
Systemed GmbH

*Kämmerer, Ulrike; Schlatterer,
Christina; Knoll, Gerd*
**Ketogene Ernährung bei
Krebs**
Systemed GmbH

LCHF Deutschland (Hrsg.)
**Das LCHF Kochmagazin –
mit Leichtigkeit gesund
durchs Leben**
Expert Fachmedien

Matthaei, Bettina
**KetoKüche mediterran –
90 kohlenhydratarme
Gerichte rund um das
Mittelmeer**
Systemed GmbH

Matthaei Bettina; Gonder, Ulrike
**Ketoküche zum Genießen –
Mit gesunden Gewürzen und
Kokosnuss**
Systemed GmbH

Rask, Annika
**Entpuppt – Mit LCHF in ein
leichtes Leben**
Books on Demand

Taubes, Gary
Good Calories, Bad Calories
Ancor Verlag

Taubes, Gary
Why we get fat
Anchor Verlag

Phinney Stephen D.; Volek, Jeff S.
**The Art and Science of Low
Carbohydrate Living**
Beyond Obesity LLC

*Westman, Eric C.; Phinney
Stephen D.; Volek, Jeff S.*
**Die aktuelle Atkins-Diät: Das
Erfolgsprogramm von Ärzten
optimiert**

Aus dem GRÄFE UND UNZER VERLAG

*Elmadfa, Ibrahim; Meyer, Alexa
Leonie*
**Kalorien im Griff. Mit über
3000 Lebensmitteln**

*Elmadfa, Ibrahim; Aign, Waltrau-
te; Muskat, Erich; Fritzsche, Doris*
**Die große GU Nährwert-
Kalorien-Tabelle**

Franz, Maren; Coy, Johannes
**Die neue Anti-Krebs-
Ernährung**

Froböse, Ingo
**Das Turbo-Stoffwechsel-
Prinzip**

Kintrup, Martin
Low Carb für Faule

Lange, Elisabeth
Paleo-Diät für Einsteiger

Mosetter, Kurt; Probost, Thorsten; Simon, Wolfgang; Cavelius, Anna
Zucker – Der heimliche Killer

Pape, Detlef et al.
Schlank im Schlaf. Das Basisbuch. Die revolutionäre Formel: So nutzen Sie Ihre Bio-Uhr zum Abnehmen

Pfannebecker, Inga
Expresskochen Low Carb

Riedl, Matthias
Diabetes-Kochbuch

Velske, Gregor; Lenz, Claudia; Fischer, Elisabeth
Low Carb – Das Kochbuch

Vormann, Jürgen
Säure-Basen-Balance

Vormann, Jürgen; Wiedemann, Karola
Säure-Basen-Kochbuch

Vormann, Jürgen; Tiedemann, Klaus
Die Anti-Alzheimer-Formel

Adressen, die weiterhelfen

Bezugsadressen

https://www.ketoladen.de
Shop mit Lebensmitteln für eine ketogene Ernährung, Rezepten und Programm zur Online-Nährwertberechnung.

www.konzelmanns.de
Online-Shop für Low-Carb-Produkte mit großer Auswahl.

http://lchf-shop.de/
Online-Shop für Lebensmittel rund um die LCHF-Ernährung. Bietet unter anderem Produkte aus dem LCHF-Heimatland Schweden an.

https://www.lcw-shop.de/
Webshop für Low-Carb-Produkte. Führt unter anderem alternative Süßungsmittel wie Erythritol.

https://www.nu3.ch
Online-Shop u.a. für Low-Carb-Produkte mit Versand in die Schweiz.

Internet-Links

http://www.ketogenic-diet-resource.com
Umfangreiche Informationen zum Thema ketogene Ernährung.

http://www.lchf-deutschland.de/
Informative Seite rund um Low Carb High Fat mit Rezepten und Coachingangeboten.

http://lowcarb-ketogen.de/
Informationen über Low Carb und ketogene Ernährung, Buch- und Restauranttipps, Rezepte, Online-Kursangebot.

www.mandelbutter.de
Infos rund um Mandel- und andere Nussbutter. Mit Rezepten und Einkaufstipps.

http://www.saps.ch/de
Schweizerische Adipositas Stiftung mit vielen Infos zum Thema Übergewicht.

Sachregister

M

Magnesium 32 f.
Mais 19, 53 f.
Mandelmehl 47, 109
Mandelmilch 51 ff., 61
Medikamente 42
Milch 49, 51
Milchprodukte 48 ff.
Mineralstoffe 32 f.
Müdigkeit 32, 41, 43
Muttermilch 21, 27

N

Natrium 32
Nieren 12, 24, 32 ff.
Nudeln 13, 95
Nüsse 43

O

Obst 54
Oxidativer Stress 25

P

Paleo 26
Proteine 12, 31

Q

Quark 50

S

Sättigung 14, 30, 49, 68, 72
Säure-Basen-Haushalt 33 f.
Sahne 49, 51, 53
Salat 42, 54
Salzmangel 32
Saucen 53
Saure Sahne 49 f.
Schlaf 96

Schlaganfall 28
Schokolade 46, 61
Schüttelfrost 21
Softdrinks 19
Sojamilch 51
Spinat 53 f.
Sport 21, 32, 34 f., 77
Stevia 46
Stoffwechsel 12 ff., 18, 24, 30, 33
Süßigkeiten 14, 19, 40, 45 ff.

T

Transfettsäuren 17
Triglyceride 16 ff.
Trinken 32, 70

U

Übergewicht 8 ff., 18 f., 28
US Dietary Guideline 11

V

Vitamine 25, 53 f.
Vollkornprodukte 14 f.

W

Wadenkrampf 33
Wein 76
Weiße Smoothies 61 ff.
Wiegen 39, 41 f.
Wurzelgemüse 53

Z

Zuckerersatzstoffe 45 f.
Zuckerkonsum 10, 13, 19, 42, 45
Zuckerträume 72
Zwischenmahlzeit 19, 68, 70

Rezeptregister

A/B

Avocado-Bacon-Sticks 77
Avocado-Thunfisch-Bällchen 115
Bacon-Peperoni-Muffins 118
Bratwurst mit Weißkohlreis 94
Bunter Salat mit Schinken und Senfdressing 84

C/D

Cheeseburger pur 102
Chili-Limetten-Fleisch-bällchen 90
Cordon Bleu mit Rosenkohl und Bacon 74
Currywurst mit Rettich-Fritten 119
Dreierlei Tapas 88

E/F

Eisbergsalat-Sandwich mit Thunfisch 104
Erdnussbutter-Schoko-Mousse 97
Frikadellen in Senfsauce mit Wirsingpüree 115
Frikadellen und Gemüsesticks mit Dip 68

G

Gebratener Blumenkohlreis mit Schweinenacken 111
Geflügelschnitzel mit Kohlrabi 78
Gefüllte Champignons 107
Gefüllte pikante Hähnchen-brust 113

Wichtiger Hinweis

Die Gedanken, Methoden und Anregungen in diesem Buch stellen die Meinung bzw. Erfahrung der Autoren dar. Sie wurden von ihnen nach bestem Wissen erstellt und mit größtmöglicher Sorgfalt geprüft. Sie bieten jedoch keinen Ersatz für persönlichen kompetenten medizinischen Rat. Jede Leserin, jeder Leser ist für das eigene Tun und Lassen auch weiterhin selbst verantwortlich. Weder Autoren noch Verlag können für eventuelle Nachteile oder Schäden, die aus den in diesem Buch gegebenen praktischen Hinweisen resultieren, eine Haftung übernehmen.

Impressum

© 2016 GRÄFE UND UNZER
VERLAG GmbH, München
Alle Rechte vorbehalten. Nach-
druck, auch auszugsweise, sowie Verbreitung durch Bild,
Funk, Fernsehen und Internet,
durch fotomechanische Wie-
dergabe, Tonträger und Daten-
verarbeitungssysteme jeder
Art nur mit schriftlicher Ge-
nehmigung des Verlages.

Projektleitung: Silvia Herzog
Lektorat: Ulrike Geist
Bildredaktion: Nadia Gasmi
**Umschlaggestaltung und
Layout:** independent Medien-
Design, Horst Moser, München
Herstellung:
Martina Koralewska
Satz: Kösel, Krugzell
Reproduktion: medienprinzen,
München
Druck und Bindung:
Schreckhase, Spangenberg
Printed in Germany

ISBN 978-3-8338-4806-3
1. Auflage 2016

Die GU-Homepage finden Sie
unter www.gu.de

Ein Unternehmen der
GANSKE VERLAGSGRUPPE

Bildnachweis

Cover: Vivi D'Angelo, München
Fotoproduktion innen und U4:
Kramp + Gölling, Reeßum
Illustrationen: Markus Voll
Weitere Fotos:
Art Factory/Einwanger: S. 66;
Bayer HealthCare: S. 24;
Corbis: S. 27; DDP Images:
S. 32; Fotofinder: S. 8; Fotolia:
Innenklappe vorne re., S. 2 li.,
44 (Fleischsalat, Bananen,
Milch, Erbsen, Rote Bete), 48,
55, 67, 92, 99, 106, 114, Innen-
klappe hinten; Getty Images:
Innenklappe vorne li., S. 20,
31; iStockphoto: Außenklappe
vorne, S. 2 re., 38, 44 (Karot-
ten, Ketchup), 56, 58, 83;
Mauritius Images: S. 5; Plain-
picture: S. 40; Privat: Außenklappe hinten, S. 4; Seasons
Agency: S. 13; Shotshop: S. 17,
44 (Dressing), 51; Shutter-
stock: S. 11, 44 (Birne), Hinter-
grund (S. 67, 75, 83, 92, 99,
106, 114), 75; Stocksy: S. 35.

Syndication:
www.jalag-syndication.de

Liebe Leserin, lieber Leser,

haben wir Ihre Erwartungen erfüllt?
Sind Sie mit diesem Buch zufrieden? Haben Sie weitere Fragen zu
diesem Thema? Wir freuen uns auf
Ihre Rückmeldung, auf Lob, Kritik
und Anregungen, damit wir für Sie
immer besser werden können.

GRÄFE UND UNZER Verlag
Leserservice
Postfach 86 03 13
81630 München
E-Mail:
leserservice@graefe-und-unzer.de

Telefon: 00800 / 72 37 33 33*
Telefax: 00800 / 50 12 05 44*
Mo–Do: 9.00 – 17.00 Uhr
Fr: 9.00 – 16.00 Uhr
(* gebührenfrei in D, A, CH)

Ihr GRÄFE UND UNZER Verlag
Der erste Ratgeberverlag – seit 1722.

Umwelthinweis

Dieses Buch wurde auf
PEFC-zertifiziertem Papier aus
nachhaltiger Waldwirtschaft
gedruckt.

www.facebook.com/gu.verlag